기초부터 응용까지!

비즈니스 일본어 문서작성 가이드

조래철, 나가시마 료이치 지음

다락원

기초부터 응용까지!
비즈니스 일본어 문서작성 가이드

지은이 조래철, 나가시마 료이치
펴낸이 정규도
펴낸곳 (주)다락원

초판 1쇄 인쇄 2020년 3월 17일
초판 1쇄 발행 2020년 3월 31일

책임편집 송화록, 손명숙
디자인 박보희, 이승현

다락원 경기도 파주시 문발로 211
내용문의: (02)736-2031 내선 460~466
구입문의: (02)736-2031 내선 250~252
Fax: (02)732-2037
출판등록 1977년 9월 16일 제 406-2008-000007호

값 14,000원

ISBN 978-89-277-1201-5 13730

http://www.darakwon.co.kr
• 다락원 홈페이지에 접속하면 상세한 출판 정보와 함께 동영상 강좌, MP3 자료 등
  다양한 어학 정보를 얻을 수 있습니다.

머리말

한국과 일본은 역사적, 지리적, 문화적으로 밀접한 관계를 유지해 왔습니다. 1998년 「21세기 파트너십 공동선언」으로 양국 관계의 새로운 시대를 열었고 2002년의 한일 월드컵, 2004년의 일본 문화 개방, 한일 국교 정상화 40주년인 2005년의 「한일 우정의 해 2005」 각종 교류 사업 등으로 일본에 대한 관심과 정보가 다양해졌습니다. 앞으로도 양국의 관계가 미래지향적인 협력관계로 이어나가길 바랍니다.

국제화, 정보화 시대에 즈음하여 일본문화에 대한 이해는 물론 일본어 학습도 중요하며, 특히 한일 간의 교류 사업에서 비즈니스 일본어 능력은 사업의 성패를 좌우하기도 합니다. 새내기 일본어 통역사나 대학을 갓 졸업하고 일본어 통역과 문서 작성 업무에 종사하는 많은 분들이 비즈니스 일본어의 어려움을 호소하고 있습니다.

'비즈니스 일본어 관련 참고서가 별로 없다'
'비즈니스 일본어 문서에 대해 상세하게 설명해주는 참고서가 필요하다'
'경어 표현이 일본인에게 어떠한 뉘앙스로 받아들여지는지 모르겠다'
'경어 표현을 배웠으나 언제 어떻게 사용하는 것이 좋은지 판단하기 어렵다'

본 교재는 비즈니스 관련 일본어 문서 작성 초보자를 위한 참고서로 이와 같은 한국인 학습자의 어려움을 해결하는데 도움이 될 것입니다.

구성은 「기초편」과 「응용편」으로 나누어 「기초편」에서는 비즈니스 문서의 기본 형식과 경어의 사용법과 용례를 다루었고 「응용편」에서는 비즈니스 문서 작성에 필요한 인사말, 예약, 의뢰, 사죄, 거절에 관한 문서 및 공적인 안내문 등을 이해하기 쉽게 정리하였습니다. 또한 「응용편」은 전체 15개의 미션을 기본적인 비즈니스 문서 작성, 일반적인 비즈니스 문서 작성, 어려운 비즈니스 문서 작성 순으로 나열하여 기초부터 응용까지 체계적인 학습이 가능하도록 구성하였습니다.

대학 교재로는 물론 학습자가 혼자서 공부할 수 있도록 알기 쉽게 해설하였고 〈비즈니스 광장〉을 통해 비즈니스 상황에서 활용할 수 있는 이야깃거리를 담았습니다.

끝으로 한국어 번역에 많은 도움을 주신 신경란 선생님과 이유진 씨, 본 교재를 펴내는데 흔쾌히 응해 주시고 도움을 주신 다락원의 정규도 사장님과 송화록 부장님을 비롯한 편집부 여러분들께 깊은 감사 말씀 드립니다.

저자 일동

이 책의 구성과 특징

본 교재는 비즈니스 일본어 문서 작성 초보자를 위한 참고서로 한국어와 일본어의 뉘앙스를 알기 쉽게 설명하였습니다. 대학 교재로는 물론 학습자가 혼자서도 공부할 수 있도록 비즈니스 일본어 문서 작성 요령을 설명하였습니다.

기초편

비즈니스 문서의 기본 형식과 경어의 용례 및 사용법에 대해 다루었습니다.

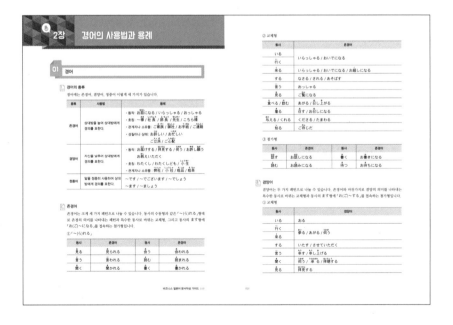

전체 15개의 미션을 기본적인 비즈니스 문서 작성, 일반적인 비즈니스 문서 작성, 어려운 비즈니스 문서 작성 순으로 배치하여 기초부터 응용까지 체계적인 학습이 가능하도록 구성하였습니다.

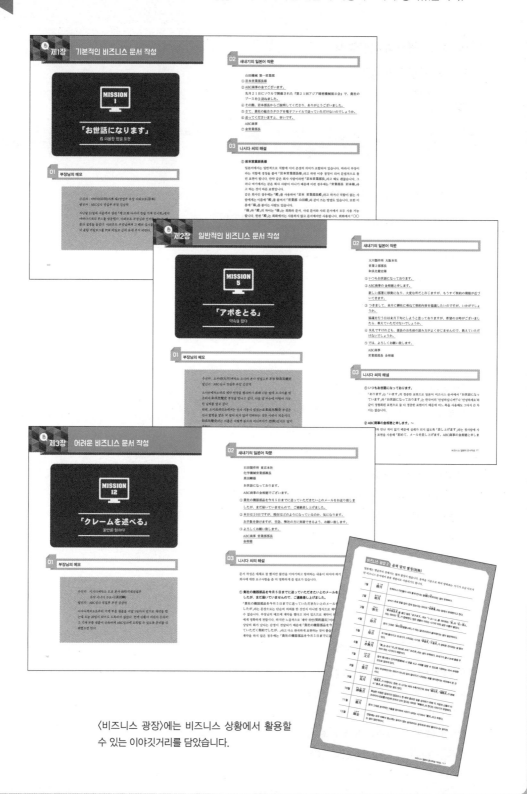

〈비즈니스 광장〉에는 비즈니스 상황에서 활용할 수 있는 이야깃거리를 담았습니다.

목차

제1부
기초편

1장

비즈니스 문서의 기본형식

01 비즈니스 문서 기본 서식

서문

① _____ 문서 번호 _____

② _____ 발신 연월일 _____

③ _____ 수신자명 _____

④ _____ 발신자명 _____

본문

⑤ _____ 제목 _____

⑥ _____ 시작말 _____ ⑦ _____ 전문(인사말) _____

⑧ 주문(용건) _____

_____

_____

_____

_____

⑨ 말문(마지막 인사) _____

⑩ _____ 맺음말 _____

추가문

⑪ _____ 기 _____

1. _____

2. _____

⑫ _____ 추기 _____

⑬ _____ 담당자명 _____

⑭ _____ 연락처 _____

02 서문 쓰는 방법

1 문서 번호

① 문서 번호는 반드시 쓸 필요는 없습니다. 문서 번호를 쓰지 않는 회사도 있으므로 각 회사의 규칙에 따라 주세요.

② 문서 번호를 쓰는 일반적인 규칙은 아래와 같습니다.
- 사내 문서에만 쓰고 사외 문서에는 쓰지 않습니다.
- 문서의 오른쪽 위에 번호를 붙입니다.
- 번호를 붙이는 방법은 회사에 따라 다릅니다.

예	의미
2 営秘2020-153号	제2영업부가 발신한 기밀문서로 2020년도의 153번째 문서

2 발신 연월일

① 나중에 문제가 발생하였을 때 확인을 위해 문서를 보낸 날짜를 씁니다.

② 연도는 일본의 원호(예 令和2年)를 사용해도 되지만, 최근에는 사내 문서나 사외 문서에서 서양력(예 2020年)을 쓰는 경우가 많습니다.

3 수신자명

사외 문서

① 받는 사람의 회사 이름과 소속부서, 이름을 순서대로 두 줄에 걸쳐 씁니다.

② 예를 들어 상대 회사의 이름이 「山田機械株式会社」인 경우 「株式会社」를 생략하고 「山田機械」라고만 기재하는 경우도 많습니다.

③ 경칭은 회사나 단체 등에는 「御中」를, 개인에게는 「様」를, 다수의 개인에게는 「各位」를 사용합니다.

수신자	경칭	쓰는 법
회사, 단체	○○御中	株式会社山田機械御中 NPO法人○○○御中
부서	○○御中	株式会社山田機械 第一営業部御中

개인	○○様	株式会社山田機械 第一営業部部長　岩本様
다수의 개인	○○各位	お客様各位

④ 직함에는 경칭의 의미가 포함되어 있으므로 직함 뒤에는 경칭을 붙이지 않습니다. 직함 뒤에 경칭을 붙이면 이중 경칭이 되기 때문입니다. 학교 선생님은 「〜先生」라고 하는 것이 일반적입니다.

×	○
岩本部長様	部長　岩本様
営業部　岩本部長様	営業部部長　岩本様
真田先生様	真田先生

⑤ 여러 사람의 이름을 쓸 때는 각각 「様」를 붙입니다.

×	○
山田健一 鈴木さなえ様 石山平介	山田健一様 鈴木さなえ様 石山平介様

사내 문서

① 수신자의 소속부서와 이름을 적는데, 직함이 있는 경우에는 「직책 + 殿」를, 직함이 없는 경우에는 「殿」를 붙입니다. 「殿」는 구어에서는 사용하지 않고 문서에서만 사용됩니다. 구어에서 「○○殿」라고 하면 상대를 무시하는 것처럼 들릴 수 있으니 주의해야 합니다.

② 「様」는 구어·문서 모두 사용 가능합니다. 또한 사내 문서와 사외 문서에서 모두 사용 가능합니다.

직함이 있는 경우	第一営業部　岩本部長殿
직함이 없는 경우	第一営業部　金児美殿

4 발신자명

사외 문서

① 보내는 사람의 회사 이름과 소속부서, 이름을 씁니다.

② 발신자명 아래에 회사 주소나 전화번호, 전자 메일 주소 등을 쓰는 경우도 있습니다.

③ 수신자가 개인일 경우는 발신자도 개인 이름으로 쓰지만, 수신자가 단체이거나 공적인 문서에서는 발신자도 단체 이름으로 씁니다.

사내 문서

① 소속 부서와 자신의 이름을 쓰지만, 회사 전체에 통지를 하는 경우에는 소속 부서만 쓰는 경우도 있습니다.

03 본문 쓰는 방법

1 제목

① 발신자명 아래에 한 줄 또는 두 줄을 띄고 가운데에 씁니다.

② 그 문서의 내용과 목적을 알 수 있는 짧은 말을 씁니다. 일반적으로는 명사로 끝나도록 쓰는데 예를 들면 「○○○について」, 「○○○の件」이라고 씁니다.

③ 눈에 띄도록 큰 글씨로 씁시다. 또 제목에 밑줄을 쳐서 표시하는 경우도 많습니다.

2 시작말(頭語)과 맺음말(結語)

① 시작말은 문서 첫머리에, 맺음말은 글 말미에 쓰는 관습적인 표현으로 두 가지가 짝을 지어 쓰입니다. 시작말에는 「拝啓」 또는 「拝復」, 맺음말에는 「敬具」라는 정해진 표현을 씁니다.

② 시작말 뒤에 구두점(、 또는 。)은 붙이지 않고 한 칸을 띄우고 다음 문장을 씁니다.

③ 사내 문서에는 사용하지 않습니다.

3 전문(인사말)

계절 인사나 안부 및 감사 인사 등을 조합하여 작성합니다. 인사말은 정해진 표현이 있어 그대로 사용하는데, 보통 계절 인사를 한 후에 안부나 감사 인사의 순서로 적습니다. 답장을 할 때는 계절 인사와 감사 인사를 생략하고, 사내 문서에서는 전문은 쓰지 않고 주문인 용건부터 씁니다.

① 계절 인사란 문서를 보내는 계절에 맞는 인사말을 말합니다. 특별히 의례적인 문서가 아닌 경우에는 「時下(최근, 요즘)」라는 말이 유용하지만, 격식을 차린 문서에서는 계절 인사를 정중하게 해야 하기 때문에 「時下」를 쓰지 않는 것이 좋습니다.

월	인사말
모든 달	時下(じか) 시하, 요즘
1월	日(ひ)ごとに寒(さむ)さがつのって参(まい)りますが 나날이 추위가 심해지는데
	厳寒(げんかん)の候(こう) 엄동 날씨에
	寒気(かんき)厳(きび)しい折(おり)から 추위가 심한 계절에
	新春(しんしゅん)の候(こう) 신춘을 맞아
	初春(しょしゅん)の候(こう) 초봄을 맞아
	初春(しょしゅん)のお喜(よろこ)びを申(もう)し上(あ)げます 초봄을 축하합니다
2월	余寒(よかん)の候(こう) 늦추위의 계절을 맞아
	晩冬(ばんとう)の候(こう) 늦겨울에
	梅(うめ)のつぼみが膨(ふく)らみ始(はじ)めた今日(きょう)この頃(ごろ) 매화 꽃봉오리가 볼록해지는 요즘
	梅(うめ)の便(たよ)りも聞(き)かれる今日(きょう)この頃(ごろ)ですが 매화꽃 소식도 들리는 요즘인데
	立春(りっしゅん)の候(こう) 입춘을 맞아
3월	雪解(ゆきど)けの候(こう) 눈 녹는 계절을 맞아
	春一番(はるいちばん)が吹(ふ)き 따뜻한 남풍이 부는
	早春(そうしゅん)の候(こう) 이른 봄에
	浅春(せんしゅん)の候(こう) 이른 봄에
	ようやく春(はる)めいて 점차 봄 기운이 완연한
	桜(さくら)の開花(かいか)が待(ま)たれるこの頃(ごろ) 벚꽃이 피기를 기다리는 요즘
4월	晩春(ばんしゅん)の候(こう) 늦봄에
	春暖(しゅんだん)の候(こう) 따스한 봄에
	陽春(ようしゅん)の候(こう) 햇빛 화사한 봄날에
	桜(さくら)の便(たよ)りが聞(き)こえてくる今日(きょう)この頃(ごろ) 벚꽃 소식이 들려오는 요즘에
	桜前線(さくらぜんせん)が足早(あしばや)に北上(ほくじょう)して 벚꽃 전선이 빠르게 북상하고

	春<ruby>春<rt>はる</rt></ruby>たけなわの季節<ruby>季節<rt>きせつ</rt></ruby>となりましたが 봄빛이 무르익은 계절이 되었습니다만
	花<ruby><rt>はな</rt></ruby>だよりが聞<ruby>聞<rt>き</rt></ruby>かれる季節<ruby>季節<rt>きせつ</rt></ruby>となりましたが 꽃소식이 들려오는 계절이 되었습니다만
5월	新緑<ruby><rt>しんりょく</rt></ruby>の候<ruby><rt>こう</rt></ruby> 신록의 계절에
	若葉<ruby><rt>わかば</rt></ruby>の候<ruby><rt>こう</rt></ruby> 새잎이 푸르는 계절에
	薫風<ruby><rt>くんぷう</rt></ruby>の候<ruby><rt>こう</rt></ruby> 훈풍의 계절에
	風薫<ruby><rt>かぜかお</rt></ruby>る爽<ruby><rt>さわ</rt></ruby>やかな季節<ruby><rt>きせつ</rt></ruby>となりました 훈풍이 상쾌한 계절이 되었습니다
	若葉<ruby><rt>わかば</rt></ruby>が目<ruby><rt>め</rt></ruby>にまぶしい季節<ruby><rt>きせつ</rt></ruby>となりましたが 새잎이 눈부신 계절이 되었습니다만
6월	梅雨<ruby><rt>ばいう</rt></ruby>の候<ruby><rt>こう</rt></ruby> 장마가 시작되는 요즘
	初夏<ruby><rt>しょか</rt></ruby>の候<ruby><rt>こう</rt></ruby> 초여름을 맞아
	麦秋<ruby><rt>ばくしゅう</rt></ruby>の候<ruby><rt>こう</rt></ruby> 맥추의 계절에
	梅雨<ruby><rt>ばいう</rt></ruby>の季節<ruby><rt>きせつ</rt></ruby>となりました 장마의 계절이 되었습니다
	紫陽花<ruby><rt>あじさい</rt></ruby>の花<ruby><rt>はな</rt></ruby>が美<ruby><rt>うつく</rt></ruby>しい季節<ruby><rt>きせつ</rt></ruby>となりましたが 수국이 아름다운 계절이 되었습니다만
7월	梅雨明<ruby><rt>つゆあ</rt></ruby>けが待<ruby><rt>ま</rt></ruby>ち遠<ruby><rt>どお</rt></ruby>しいこの頃<ruby><rt>ごろ</rt></ruby>ですが 장마가 끝나기를 몹시 기다리는 요즘에
	盛夏<ruby><rt>せいか</rt></ruby>の候<ruby><rt>こう</rt></ruby> 한여름에
	大暑<ruby><rt>たいしょ</rt></ruby>の候<ruby><rt>こう</rt></ruby> 혹서 속에서
	猛暑<ruby><rt>もうしょ</rt></ruby>の候<ruby><rt>こう</rt></ruby> 폭염에
	暑<ruby><rt>あつ</rt></ruby>さ厳<ruby><rt>きび</rt></ruby>しい折<ruby><rt>おり</rt></ruby>から 더위가 심한 때
	猛暑<ruby><rt>もうしょ</rt></ruby>のみぎり 폭염에
	暑中<ruby><rt>しょちゅう</rt></ruby>お見舞<ruby><rt>みま</rt></ruby>い申<ruby><rt>もう</rt></ruby>し上<ruby><rt>あ</rt></ruby>げます 복중 문안 인사 드립니다
8월	残暑<ruby><rt>ざんしょ</rt></ruby>の候<ruby><rt>こう</rt></ruby> 늦더위에
	晩夏<ruby><rt>ばんか</rt></ruby>の候<ruby><rt>こう</rt></ruby> 늦여름에
	秋暑<ruby><rt>しゅうしょ</rt></ruby>の候<ruby><rt>こう</rt></ruby> 추서의 계절에
	残暑厳<ruby><rt>ざんしょきび</rt></ruby>しい折<ruby><rt>おり</rt></ruby>から 늦더위가 심할 때
	残暑<ruby><rt>ざんしょ</rt></ruby>お見舞<ruby><rt>みま</rt></ruby>い申<ruby><rt>もう</rt></ruby>し上<ruby><rt>あ</rt></ruby>げます 늦더위에 문안 인사드립니다
	暑<ruby><rt>あつ</rt></ruby>さは峠<ruby><rt>とうげ</rt></ruby>を越<ruby><rt>こ</rt></ruby>したものの 더위도 고개를 넘겼지만

9월	初秋の候 초가을에
	新秋の候 초가을에
	新涼の候 선선한 초가을에
	美しい秋晴れが続いております 아름다운 가을의 쾌청한 날씨가 계속되고 있습니다
	虫の声が賑やかなこの頃 벌레 소리가 시끄러운 요즘
	朝夕は涼しくなって参りましたが 아침 저녁은 서늘해졌지만
10월	仲秋の候 중추 즈음에
	秋冷の候 선선한 가을 날씨에
	紅葉の候 단풍 계절에
	そろそろ、街路樹が色づき始めました 이제 가로수가 물들기 시작했습니다
	紅葉のみぎり 단풍 계절에
	野山が秋色に染まる頃となりましたが 야산이 가을빛으로 물들 때가 되었습니다만
11월	晩秋の候 늦가을에
	向寒の候 추위가 시작되는 계절에
	冬の気配が感じられる今日この頃 겨울 기운이 느껴지는 요즘
	初冬の候 초겨울에
	初霜の便りが聞かれる今日この頃でございますが 첫서리 소식이 들리는 요즘입니다만
12월	初冬の候 초겨울에
	師走の候 연말에
	寒冷の候 추위의 계절에
	今年も残り少なくなって参りました 올해도 얼마 남지 않았습니다
	木枯らしの吹きすさぶ季節を迎え 초겨울의 찬바람이 휘몰아치는 계절을 맞아
	師走を向かえますますご多忙のことと存じますが 연말을 앞두고 점점 바빠지시겠지만

② 안부 인사는 상대 회사나 개인의 발전을 기원하는 표현을 사용합니다.

회사로 발송하는 경우

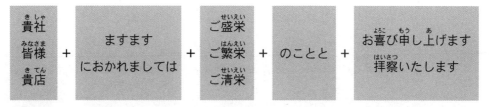

개인에게 발송하는 경우

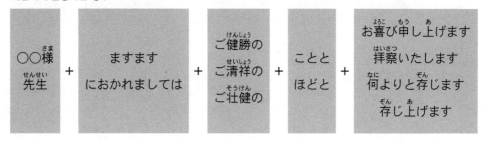

③ 감사 인사는 평소의 배려에 대해 의례적으로 하는 인사말로 처음 대하는 상대일 경우에는 생략합니다.

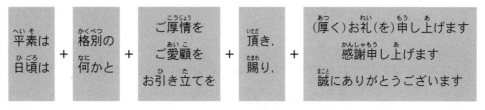

⁴ 주문(용건)

① 주문은 기어(起語)와 용건문(用件文)으로 구성됩니다.

② 기승전결로 나누어 씁니다.

구성	내용	자주 사용하는 표현
기	기어(起語)	さて / 実（じつ）は / おかげさまで
승	용건문(用件文)	このたび
전		つきましては
결	말문(末文)	なにとぞ

5 말문(마지막 인사문)

① 주문의 마지막에 쓰는 인사말입니다.

② 사외 문서는 약식 문서와 같이 간략하게 쓰면 실례가 되니 주의하기 바랍니다.

정식 문서

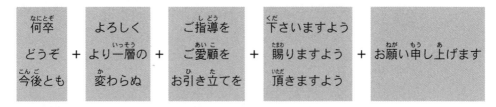

약식 문서

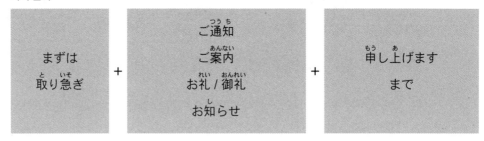

---

04 추가문 쓰는 방법

1 기(記)

① 중요한 내용을 조목별로 언급할 필요가 있을 때, 또는 그 내용을 본문 안에 기재할 경우 문장이 복잡해져 알아보기 어려워질 경우에 기(記)를 사용해 적습니다.

② 주문(용건문) 안에 「下記の通り、～」라는 말을 씁니다.

③ 맺음말의 다음 행에 「記」라고 쓰고 그 다음에 내용을 씁니다.

④ 마지막에 오른쪽 아래에 「以上」라고 씁니다.

2 추기(追記)

① 추가할 내용이 길어지는 경우에는 추기(追記)를 붙여 본문과 별도로 기재합니다.

② 추신(追伸), 혹은 영문 메일에서 사용되는 'PS'라는 표기도 사용됩니다.

3️⃣ 담당자명

문서를 작성한 담당자나 문서 내용에 대한 문의 등에 대응할 수 있는 담당자의 이름을 오른쪽 아래에 씁니다.

4️⃣ 연락처

이 문서에 대한 문의 또는 연락을 받을 수 있는 담당자의 전화번호, 전자메일주소를 씁니다. 또한 주소를 기재하는 경우도 있습니다.

메일 추가문의 정형 표현

ABC株式会社
営業部　山田様
　　　お世話になります。
　　　次回打ち合わせについて、下記の通り、ご連絡申し上げます。
　　　よろしくお願い申し上げます。

　　　　　　　　　　　　　　　　記

1．日時　　６月２２日１３時から
2．場所　　弊社１階１０３会議室
3．議題　　来期の計画について

　　　　　　　　　　　　　　　　　　　　　以上
　　　　　　　　　　　　　　　　　　　　西山商事
　　　　　　　　　　　　　　　　　　　　真野あずき

営業部発第98号
2020年2月21日

□□□□
□□ □□□□□様

□□□□□□□□□□□□
□□□□

ご注文の承諾について

拝復 平素は格別のお引立てにあずかり、厚くお礼申し上げます。

さて、このたびは○月○日付にて標記商品をご注文いただきまして、誠にありがとうございました。

さっそく下記の通り、出荷の手配をいたしましたので、ご指定の納期までには到着の予定でございます。

今後ともお引立てのほどよろしくお願い申し上げます。

まずは、お礼かたがたご通、申し上げますで。

敬具

記

1 注文品　全自動○○WA−3
2 数量　　○台
3 価格　　○○円
4 納期　　○○○○年 ○月 ○日
5 受渡場所 貴社持込み

以上

担当者 □□□□
ＴＥＬ □□□□
メール □□□□

01 경어

경어의 종류

경어에는 존경어, 겸양어, 정중어 이렇게 세 가지가 있습니다.

종류	사용법	용례
존경어	상대방을 높여 상대방에게 경의를 표한다.	・동작: お話になる / いらっしゃる / おっしゃる ・호칭: ～様 / 社長 / 部長 / 先生 / こちら様 ・관계자나 소유물: ご家族 / 御社 / お手紙 / ご連絡 ・성질이나 상태: お詳しい / お忙しい 　　　　　　　ご立派 / ご心配
겸양어	자신을 낮추어 상대방에게 경의를 표한다.	・동작: お届けする / 拝見する / 伺う / お許し願う 　　　　お教えいただく ・호칭: わたくし / わたくしども / 小生 ・관계자나 소유물: 弊社 / 小社 / 粗品 / 粗茶
정중어	말을 정중히 사용하여 상대방에게 경의를 표한다.	～です / ～でございます / ～でしょう ～ます / ～ましょう

존경어

존경어는 크게 세 가지 패턴으로 나눌 수 있습니다. 동사의 수동형과 같은 「～(ら)れる」형태로 존경의 의미를 나타내는 패턴과 특수한 동사로 바뀌는 교체형, 그리고 동사의 ます형에 「お(ご)～になる」를 접속하는 첨가형입니다.

① 「～(ら)れる」

동사	존경어	동사	존경어
見る	見られる	会う	会われる
言う	言われる	読む	読まれる
聞く	聞かれる	書く	書かれる

② 교체형

동사	존경어
いる	いらっしゃる / おいでになる
行く	
来る	いらっしゃる / おいでになる / お越しになる
する	なさる / される / あそばす
言う	おっしゃる
見る	ご覧になる
食べる / 飲む	あがる / 召し上がる
着る	召す / お召しになる
与える / くれる	くださる / たまわる
知る	ご存じだ

③ 첨가형

동사	존경어	동사	존경어
話す	お話しになる	書く	お書きになる
読む	お読みになる	待つ	お待ちになる

3 겸양어

겸양어는 두 가지 패턴으로 나눌 수 있습니다. 존경어와 마찬가지로 겸양의 의미를 나타내는 특수한 동사로 바뀌는 교체형과 동사의 ます형에 「お(ご)〜する」를 접속하는 첨가형입니다.

① 교체형

동사	겸양어
いる	おる
行く	
来る	参る / あがる / 伺う
する	いたす / させていただく
言う	申す / 申し上げる
聞く	伺う / 承る / 拝聴する
見る	拝見する

食べる / 飲む	いただく / ちょうだいする
会う	お目にかかる
与える / くれる	差し上げる / ちょうだいする
もらう	いただく / ちょうだいする
借りる	拝借する
知る / 思う	存じる

② 첨가형

동사	겸양어	동사	겸양어
話す	お話しする	書く	お書きする
読む	お読みする	訪ねる	お訪ねする
待つ	お待ちする	持つ	お持ちする
連絡する	ご連絡する	相談する	ご相談する

02 미화어

미화어

경어에는 존경어, 겸양어, 정중어 외에도 미화어가 있는데, 표현 자체를 정중하게 하는 것을 말합니다. 존경어와 겸양어를 올바르게 사용해도 미화어를 사용하지 않으면 균형이 맞지 않는 부자연스러운 표현이 됩니다. 「めし」→「ごはん」과 같이 단어가 바뀌는 교체형과 「茶」→「お茶」와 같이 단어 앞에 「お / ご」를 붙이는 첨가형 두 종류가 있는데, 첨가형이 교체형보다 많습니다. 「お」는 주로 고유 일본어에 붙고 「ご」는 한자어에 붙는데, 「お / ご」둘 다 접속할 수 있는 단어도 있고 한자어지만 「お」를 붙이는 단어도 있습니다. 「メール」와 같은 외래어는 「おメール」라고 쓰지 않으니 주의하기 바랍니다.

> ×　　ただいま、めしと茶をお持ちします。
> ○　　ただいま、ごはんとお茶をお持ちします。

미화어의 종류

① 교체형

めし → ごはん	汁(しる) → おつゆ
食(く)う → 食(た)べる	うまい → おいしい

② 첨가형

お	お天気(てんき) / お勤(つと)め / お住(す)まい / お仕事(しごと) / お約束(やくそく) / お話(はなし) / お世話(せわ)
ご	ご住所(じゅうしょ) / ご職業(しょくぎょう) / ご面倒(めんどう) / ご活躍(かつやく) / ご利用(りよう) / ご出勤(しゅっきん)

미화어의 사용법

① 상대방과 관련된 일에 대해 「お / ご」를 사용하면 존경어의 역할을 합니다.

  例 先生からお手紙をいただく。

② 자신과 관련된 일에 대해 「お / ご」를 사용하면 겸양어의 역할을 합니다.

  例 先生にお手紙を出す。

③ 존경 / 겸양의 의미와 상관없이 관용적으로 「お / ご」를 붙여 사용하는 단어도 있습니다.

  例 ごはん / お盆(ぼん) / ごちそう / おはよう

④ 「お / ご」를 붙이면 의미가 전혀 달라지는 단어도 있습니다.

  例 多分(たぶん) 아마   ご多分(たぶん) 대부분, 많은 예

    めがね 안경   おめがね 감정·관정 등의 높임말

⑤ 공공 기물이나 동식물, 자연현상, あな お로 시작하는 말에는 「お / ご」를 붙이지 않습니다.

	○	×
공공 기물	学校	お学校
	電車	お電車
동식물	犬	犬
	バラ	おバラ
자연현상	雨	お雨
	風	お風
あな お로 시작하는 말	頭	お頭
	奥様	お奥様

비즈니스 문서에 쓰이는 존경어와 겸양어

	존경어(상대방)	겸양어(자신)
회사	そちら様 / 御社 / 貴社	わたくしども / 当社 / 弊社 / 小社
단체	貴団体 / 貴会	本会 / 当会
직책	社長の○○様 / 市長様	社長 / 社長の○○
본인	○○様 / そちら様 / あなた様 ○○氏	わたくし / こちら / 当方 / 小生
동행자	お連れ様 / ご同行の方 / ご一行様	連れの者
방문	ご来社 / お立ち寄り / お越し	お伺い / 参上 / ご訪問
물품	お品物 / けっこうなお品 / ご厚志	粗品 / 寸志
문서	ご書面 / 貴信 / 貴書	書面 / 書中
수수	お納め / ご笑納	受領 / 拝受
저서	ご著書	拙書 / 拙著
죽음	他界 / 訃報 / 逝去	死亡
주거	お住まい / お宅	小宅 / 拙宅
가족	ご一家 / ご家族様 / 皆々様 お宅の方 / ご家族の皆さま ご一同さま	一家 / 一同 / わたくしども / 家の者 家族一同
아버지	お父上様 / お父君 / ご尊父	父 / 実父 / 老父 / おやじ
어머니	母上様 / お母君 / ご母堂	母 / 実母 / 老母 / おふくろ
부모님	ご両親様 / お二方様	父母 / 両親 / 老父母
남편	旦那様 / ご主人様 ○○様(성 또는 이름)	主人 / 夫 / 宅 / ○○(성 또는 이름)
아내	奥様 / 令夫人 / ご令室様	妻 / 家内 / 女房 / ○○(이름)
아들	ご子息 / 息子さん / お坊ちゃま ご令息	息子 / 子ども / せがれ / 愚息 / 長男 次男 / ○○(이름)
딸	お嬢様 / ご令嬢 / ご息女	娘 / 子ども / 長女 / 次女 / ○○(이름)
자녀	お子様 / お子さん / ○○様(이름)	赤ん坊 / 子ども / うちの子 / ○○(이름)

격식을 차린 표현

격식을 차린 표현을 사용하면 상대방에게 정중함을 전달할 수 있고 좋은 인상을 남길 수도 있습니다.

보통 표현	의미	격식을 차린 표현
いま	지금	ただいま
このあいだ	지난번, 요전번	先日(せんじつ)
さっき	아까	さきほど
あとで	나중에	のちほど
ほんとうに	정말로	まことに
すごく	아주, 매우	たいへん
すみません	죄송합니다	失礼(しつれい)しました 申(もう)し訳(わけ)ありません
どうでしょうか	어떠신가요?	いかがでしょうか
いいでしょうか	괜찮으신가요?	よろしいでしょうか
やってもらえませんか	해 주실 수 있나요?	お願(ねが)いできませんでしょうか していただけませんでしょうか
もう一度(いちど)言(い)ってください	다시 한 번 말씀해 주세요	もう一度(いちど)おっしゃっていただけませんでしょうか
待(ま)ってくれませんか	기다려 줄래요?	お待(ま)ち願(ねが)えませんでしょうか
いいです	괜찮아요	結構(けっこう)です

완충 표현

완충 표현을 사용하면 부드럽고 온화한 느낌이 더해집니다.

완충 표현	뒤에 오는 말
恐れ入りますが 송구합니다만	～はいらっしゃいますか ～은 계십니까?
失礼ですが 실례합니다만	～でいらっしゃいますか ～이십니까?
申し訳ありませんが 죄송합니다만	～していただけませんでしょうか ～해 주시지 않겠습니까?
お手数ですが 수고스럽지만	～していただけませんでしょうか ～해 주시지 않겠습니까?
ご面倒ですが 귀찮으시겠지만	～していただけませんでしょうか ～해 주시지 않겠습니까?
よろしければ 괜찮으시면	～していただけませんでしょうか ～해 주시지 않겠습니까?
おさしつかえなければ 괜찮으시면	～させていただけませんでしょうか ～해도 되겠습니까?
お忙しいにもかかわらず 바쁘신데도 불구하고	～していただきありがとうございました ～해 주셔서 감사합니다
あいにく 공교롭게도	その件はいたしかねますが 그 건은 하기 어렵습니다만
お言葉を返すようですが 말대답하는 것 같습니다만	～のように感じます ～처럼 생각됩니다
身にあまるお話ですが 분에 넘치는 말씀이지만	今回はご辞退いたします 이번은 사퇴하겠습니다

06 자주 하는 경어 실수

1. 존경 표현을 중복으로 사용한 이중 경어는 잘못된 표현입니다.

① 「お+존경어+になる」는 두 개의 존경 표현이 사용된 잘못된 표현입니다.

> 예 × お召し上がりになる　　○ 召し上がる

② 「お+동작+になられる」는 「お～になる」라는 존경 표현에서 「なる」를 「なられる」로 존경 활용을 한 것으로 역시 잘못된 표현입니다.

> 예 × お話になられる　　○ お話になる

③ 존경의 의미를 나타내는 동사는 다시 존경 활용하여 사용하지 않습니다.

> 예 × 司会をなさられる　　○ 司会をなさる / 司会をされる

④ 일본에서는 직함에 이미 존경의 의미가 포함되어 있어 「직함+様」는 잘못된 표현입니다.

> 예 × 総務部長様　　○ 総務部長 / 部長の□□様

2. 상대방에게 겸양어를 사용하면 안 됩니다.

① 「する」의 겸양어인 「いたす」를 상대방에게 사용하면 상대방을 자신보다 낮추어 버리게 됩니다. 상대방에게는 항상 「する」의 존경어인 「なさる」를 사용해야 합니다.

> 예 × 何にいたしますか　　○ 何になさいますか

② 「ございます」는 「あります」의 정중어로 자신에 대해 겸양어로 사용할 수 있지만 상대방에게는 사용하면 안 됩니다.

> 예 × 宮城様でございますか　　○ 宮城様でいらっしゃいますか

③ 상대방에게 「いる」의 겸양어인 「おる」를 사용하는 것은 잘못된 표현입니다.

> 예 × 宮城様おりますか　　○ 宮城様いらっしゃいますか
> 　　× おっしゃっております　　○ おっしゃっています

④ 상대방에게 「聞く」의 겸양어인 「うかがう」를 사용하는 것은 잘못입니다.

> 예 × あちらでうかがってください　○ あちらでお聞きになってください

⑤ 「いただく」는 「食べる」의 겸양어로 상대방에게는 존경어인 「召し上がる」를 사용하는 것이 올바른 표현입니다.

> 예 × お食事をいただいてください　○ お食事を召し上がってください

⑥ 「申し出る」를 상대방의 동작에 대해 사용하는 것은 적절하지 않습니다.

> 예 × お申し出ください　　○ お申しつけください / お申し込みください

③ 「~(ら)れる」는 존경 표현이므로 겸양어와 조합하여 표현하는 것은 잘못입니다.

예 × 申される　　　　　　　○ おっしゃる
　　× 参られる　　　　　　　○ いらっしゃる / 来られる

④ 상대방에게 부탁을 할 때는 「もらう」가 아니라 자신을 낮춘 「いただく」 또는 부정 표현인 「~していただけませんか」를 사용해야 합니다.

예 × ~してもらえますか　　　○ ~していただけませんか

⑤ 먼저 퇴근하거나 격려 인사를 할 때에는 윗사람에게 「お疲れさまでした」나 「失礼します」를, 동료나 아랫사람에게는 「ご苦労様」 또는 「お世話様」라고 하는 것이 좋습니다.

계절을 나타내는 말 24절기

일본에서도 우리나라와 같이 계절을 나타내는 24절기를 사용합니다. 24절기는 태양의 위치에 따라 1년을 24개로 나누고 각 구간에 이름을 붙인 것을 말합니다. 현대에도 계절의 구분을 위해 사용되고 있는데, 24절기는 해마다 날짜가 다릅니다. 24절기 중에서 입춘(立春), 경칩(啓蟄), 춘분(春分), 입하(立夏), 하지(夏至), 대서(大暑), 입추(立秋), 추분(秋分), 입동(立冬), 동지(冬至), 대한(大寒)이 특히 자주 사용되므로 기억해 두면 편리합니다.

〈春 – 봄은 만물이 생겨나는 계절〉

立春 입춘
(2월 4일경)

이 날부터 입하 전날까지가 봄이다. 아직 추위가 심한 시기이지만 해가 점점 길어지고 규슈나 태평양 연안의 따뜻한 지방에는 매화가 피기 시작한다. 입춘 하루 전날을 절분(節分)이라고 한다.

雨水 우수
(2월 19일경)

하늘에서 내리는 것이 눈에서 비로 바뀌는 시기로 오랫동안 쌓였던 눈도 녹기 시작한다. 봄이 가장 먼저 오는 규슈 남부에서는 휘파람새 소리가 들리기 시작한다.

啓蟄 경칩
(3월 6일경)

겨울잠을 자던 벌레가 구멍에서 나오는 때라는 의미이다. 실제로는 벌레가 활동을 시작하기에는 조금 이르지만 버드나무 새잎이 나오고 머위 꽃이 피는 시기이다.

春分 춘분
(3월 21일경)

이 날을 기점으로 전후 7일간이 봄 피안(春彼岸)으로 꽃샘추위로 다시 추워지기도 하는 시기여서 따뜻하다고 방심하는 것은 금물이다. 밤낮의 길이가 거의 같고 이후로는 낮 시간이 길어진다.

清明 청명
(4월 5일경)

청정명결(清浄明潔)의 줄임말로 남동풍이 부는 따뜻한 봄날을 가리킨다.

穀雨 곡우
(4월 20일경)

논이나 밭을 정비하고 봄비가 내리는 시기이다. 이 무렵부터 변덕스러운 봄 날씨도 안정을 찾아가고 햇빛도 강렬해진다.

〈夏 – 여름은 더위의 계절〉

立夏 입하
(5월 6일경)

이 날부터 입추 전날까지가 여름으로, 산과 들에 신록이 우거지고 여름의 기운이 느껴진다. 개구리 울음소리가 들리기 시작되고 대나무 죽순이 나오는 시기이다.

小満 소만
(5월 21일경)

태양빛이 강해지고 초목이 우거지는 시기로 간사이(関西)지방에서는 はしり梅雨(장마에 앞서 내리는 비)가 나타나는 시기이다.

芒種 망종
(6월 6일경)

곡물의 파종 시기를 의미하는 말이지만 현재는 파종 시기가 더 빨라졌다. 관서지방에서는 장마가 시작되는 시기이다.

夏至 하지
(6월 21일경)

1년 중에서 낮이 가장 긴 시기이지만 일본 대부분의 지역은 장마로 인해 거의 느낄 수 없다. 꽃창포나 수국 등의 여름꽃이 피는 계절이다.

小暑 소서
(7월 7일경)

장마가 끝나고 본격적인 더위가 시작되는 시기이자 집중호우의 시기이다. 수련이 피고 개구리의 울음소리가 커진다.

大暑 대서
(7월 23일경)

가장 더울 때라는 의미이지만 실제로는 조금 뒤이다. 여름 토용(土用, 입추 전의 18일간)의 시기로 학교는 여름방학에 들어간다.

〈秋 - 가을은 초목이 빨갛게 물드는 계절〉

立秋 입추
(8월 8일경)
이 날부터 입동 전날까지가 가을로 1년 중에 가장 더운 시기이지만 이 더운 시기가 지나면 시원한 가을이 온다. 입추 전까지 하는 인사를 복중 문안 인사라고 하고 그 이후로는 늦더위 문안 인사라고 한다.

処暑 처서
(8월 23일경)
처서는 더위가 그친다는 의미로 싸리꽃이 피고 아침 저녁으로 상쾌한 바람이 부는 시기인 동시에 태풍의 시기이기도 하다.

白露 백로
(9월 8일경)
가을의 정취가 한층 더 느껴지는 시기로 아침 저녁으로 맺히는 이슬의 양이 많아지고 약간 쌀쌀함이 느껴지는 차가운 바람이 불기 시작한다.

秋分 추분
(9월 23일경)
더운 날이 적어지고 찬 기운을 느끼는 날이 늘어난다. 낮과 밤의 길이가 거의 같아지고 이 날을 기점으로 전후 7일간을 가을 피안(秋彼岸)이다.

寒露 한로
(10월 8일경)
차가운 서리가 맺히는 시기이다. 가을이 본격적으로 시작되고 국화꽃이 피기 시작하며 산의 나뭇잎이 물들기 시작한다. 벼베기도 슬슬 끝나는 시기이다.

霜降 상강
(10월 23일경)
북쪽 지방과 산간에서는 서리가 내리는 시기이다. 들꽃이 지고 산은 단풍으로 단장하는 시기이다.

〈冬 - 겨울은 만물이 차가워지는 계절〉

立冬 입동
(11월 7일경)
이 날부터 입춘 전날까지가 겨울로 해는 짧아지고 비가 오다 말다 하는 계절이다. 북쪽 지방이나 산간에서는 첫눈이 오고 간토(関東)지방에서는 강풍이 분다.

小雪 소설
(11월 22일경)
햇빛이 약해지고 추위가 심해지는 시기이다. 나뭇잎들은 떨어지고 평지에는 첫눈이 내린다.

大雪 대설
(12월 7일경)
아침 저녁으로 연못과 강에서 얼음을 볼수 있게 된다. 말 그대로 눈이 많이 내리고 쌓이는 시기이다.

冬至 동지
(12월 22일경)
1년 중 밤이 가장 길다. 이 날 이후로 해가 길어져 옛날에는 동지를 1년의 시작점으로 생각했다. 호박조림을 먹거나 유자탕에서 목욕하는 관습이 남아 있다.

小寒 소한
(1월 5일경)
이 때부터 절분(節分)까지의 기간이 한(寒)이다. 이 때부터 본격적인 추위가 시작되고 호수나 강의 얼음도 두꺼워지는 시기이다.

大寒 대한
(1월 20일경)
1년 중에 추위가 가장 심한 시기이다. 또한 이 날을 기점으로 날씨가 점점 따뜻해지기도 한다.

제2부
응용편

줄거리

당신은 한국의 주식회사 ABC상사에 입사하여 영업부에 배속된 신입 사원 김아미(金児美)입니다. ABC상사는 일본 회사와 거래가 많지만 당신의 상사인 김상덕(金相德) 부장은 일본어를 전혀 하지 못합니다. 그래서 당신이 김상덕 부장을 대신해서 일본어 비즈니스 메일을 작성하게 되었는데 부장님이 당신에게 전해주는 것은 한국어로 쓴 간단한 메모뿐입니다.

'일본어 비즈니스 메일은 학교에서 별로 배우지 않았어! 실전은 처음인데……. 상대 회사에 실례를 하면 어떻게 하지?'

당신은 지금 매우 초조하고 불안합니다. 그런 당신을 도와줄 사람은 ABC상사에서 함께 근무하는 일본인 니시다(西田) 씨입니다. 당신이 작성한 어설픈 일본어를 니시다 씨는 어떤 식으로 고쳐 줄까요?

각 장의 구성

01 부장님의 메모

김상덕 부장이 당신에게 일본어 메일을 작성하도록 의뢰한 메모가 제시됩니다. 메모에는 필요한 최소한의 정보밖에 쓰여 있지 않습니다. 또한 부장님이 출장지에서 당신에게 전화로 "일본 거래처에 급히 메일을 보내 주게"라고 지시하는 경우도 있습니다. 이 경우에는 김아미 씨의 이름으로 메일을 보내게 됩니다.

02 새내기의 일본어 작문

당신은 우선 메모를 보면서 일본어 문장을 작성합니다. '여기는 이렇게 하면 될까? 이 부분은 어떻게 써야 할까?' 처음 작성하는 일본어 비즈니스 메일에 대해 모르는 것이 너무 많습니다.

03 니시다 씨의 해설

이제 니시다 씨에게 검토를 부탁합니다. 니시다 씨는 당신이 쓴 일본어를 어떻게 느낄까요? 니시다 씨는 "이 문장은 일본인이라면 이렇게 생각하기 때문에 이렇게 고치는 편이 좋아요"라고 충고해 줍니다.

04 비즈니스 메일의 완성

당신이 쓴 일본어 문장을 니시다 씨가 수정해 주었습니다. 이것으로 일본어 비즈니스 메일이 완성되었습니다.

05 니시다 씨의 One Point Lesson

틀리기 쉬운 문법이나 정형적인 표현 등을 니시다 씨가 자세히 설명해 줍니다.

MISSION 1

「お世話になります」
를 이용한 정형 표현

01 부장님의 메모

수신자 : 야마다(山田)기계 제1영업부 부장 이와모토(岩本)
발신자 : ABC상사 영업부 부장 김상덕(金相德)

지난달 21일에 서울에서 열린 『제 21회 아시아 정밀 기계 전시회』에서 야마다기계의 부스를 방문했다. 이와모토 부장님과 인사를 나누고 제품의 설명을 들었다. 이와모토 부장님에게 그 때의 감사를 표하고 귀사의 종합 카탈로그를 PDF 파일로 급히 보내 주기 바란다.

새내기의 일본어 작문

　　山田機械　第一営業部
① 岩本営業部長様

② ABC商事の金でございます。

　　先月21日にソウルで開催された『第21回アジア精密機械展示会』で、貴社のブース
　　を③ 訪ねました。

④ その際、岩本部長からご説明してくださり、ありがとうございました。

⑤ さて、貴社の総合カタログを電子ファイルで送っていただけないのでしょうか。

⑥ 送ってくださいますと、幸いです。

　　ABC商事
⑦ 金営業部長

03

니시다 씨의 해설

① 岩本営業部長様

　　일본어에서는 일반적으로 직함에 이미 존경의 의미가 포함되어 있습니다. 따라서 부장이
라는 직함에 경칭을 붙여 「岩本営業部長様」라고 하면 이중 경칭이 되어 문법적으로 틀
린 표현이 됩니다. 만약 같은 회사 사람이라면 「岩本営業部長」라고 해도 괜찮습니다. 그
러나 여기에서는 같은 회사 사람이 아니기 때문에 이런 경우에는 「営業部長　岩本様」라
고 하는 것이 바른 표현입니다.
　　같은 회사인 경우에는 「殿」를 사용하여 「岩本　営業部長殿」라고 하거나 직함이 없는 사
람에게는 이름에 「殿」를 붙여서 「営業部　山田殿」와 같이 쓰는 방법도 있습니다. 또한 이
름에 「様」를 붙이는 사람도 있습니다.
　　「様」와 「殿」의 차이는 「様」는 회화와 문서, 사내 문서와 사외 문서에서 모두 사용 가능
합니다. 한편 「殿」는 회화에서는 사용하지 않고 문서에서만 사용됩니다. 회화에서 「○○
殿」라고 하면 상대를 무시한다는 오해를 살 수 있으니 주의해야 합니다.

사외 문서	○	営業部長　岩本様
	×	岩本営業部長 / 岩本営業部長様
사내 문서	○	岩本営業部長 / 岩本営業部長殿 / 営業部　山田殿 / 山田様
	×	岩本　営業部長様

② ABC商事の金でございます。

이대로도 괜찮지만 서두에 「お世話になります」라고 덧붙이면 정중한 표현이 됩니다. 이것은 한국어 비즈니스 문서에서 보통 '안녕하십니까?'나 '안녕하세요'로 시작하는 것과 같은 뉘앙스입니다.

③ 訪ねました。

「訪ねました」라고 해도 실례는 아니지만 자신이 과거에 방문했던 사실에 대해 이야기하고 있으므로 겸양어를 이용해서 더욱 정중하게 「お伺い致しました」라고 하는 것이 자연스럽습니다.

④ その際、岩本部長からご説明してくださり、ありがとうございました。

먼저, 「岩本部長」라고 하면 이름을 함부로 부르는 느낌을 주므로 상대방에게 실례가 됩니다. 「岩本様」라고 하는 것이 좋습니다.

이 문장으로도 의미 전달은 되지만 「岩本様からご説明してくださり」의 부분에서 무엇을 설명했는지 목적어가 없기 때문에 자연스럽지 않습니다. 부장님의 메모에서 야마다기계 제품에 대한 설명을 들었다고 했으므로, 「ご説明」앞에 「貴社の製品について詳しく」라는 표현을 추가하면 보다 자연스럽습니다.

또한, 「~してくださり」는 존경어 「くださる」를 이용한 올바른 표현이지만 현대의 많은 일본인은 「~していただき」라는 겸양어를 자주 사용하고 있습니다.

문장 첫머리에 「その際」라는 표현도 틀리지는 않지만 보다 정중한 표현으로 「その節には」라는 말을 자주 사용합니다.

따라서 이 문장은 다음과 같이 수정하는 것이 좋습니다.

> その節には、岩本様から貴社の製品について詳しくご説明をしていただき、誠にありがとうございました。

⑤ **さて、貴社の総合カタログを電子ファイルで送っていただけないのでしょうか。**

「さて」라고 하면 일본인은 이야기가 갑자기 다른 내용으로 바뀐다는 느낌을 받게 되어 조금 부자연스럽습니다. 이 문장은 이야기의 내용이 갑자기 바뀌는 부분이 아니기 때문에 「つきましてはお願いがございます。貴社の…」와 같이 완충 표현을 첨가하면 자연스러워집니다.

「送っていただけないのでしょうか」는 말하고자 하는 내용과 정반대의 의미가 됩니다. 여기는 중간의 「の」를 빼고 「送っていただけないでしょうか」라고 해야 합니다.

또한 의뢰하는 내용이기 때문에 「貴社の総合カタログを」 다음에 「ぜひ活用させていただきたいと思いますので、」라는 표현을 넣어 이쪽에서 적극적으로 의뢰하고 있다는 마음을 전달하는 것이 좋겠습니다.

> つきましてはお願いがございます。貴社の総合カタログをぜひ活用させていただきたいと思いますので、電子ファイルで送っていただけないでしょうか。

⑥ **送ってくださいますと、幸いです。**

앞 문장에서 보내줄 것을 의뢰했는데, 「送ってくださいますと、幸いです」라고 반복해서 쓰면 집요한 느낌이 들기 때문에 이 문장은 쓰지 않는 것이 좋습니다.

또 상대방에게 의뢰를 하는 내용이기 때문에 「お手数ですが、よろしくお願い致します」라는 말을 첨가하면 감사의 마음도 전달할 수 있습니다.

마지막에 「今後ともよろしくお願い致します」 혹은 「今後ともよろしくお願い申し上げます」를 덧붙이는 것이 좋습니다. 「お世話になります」로 시작하고 「今後ともよろしくお願い申し上げます」로 끝나는 것은 비즈니스 문서의 정형적인 문장이므로 꼭 기억해 둡시다.

⑦ **金営業部長**

일본어에서 자기 이름에 직함을 붙이면 거만하게 구는 것처럼 느껴질 수 있습니다. '나는 부장이고 대단하다'라는 뉘앙스가 있으므로 이 경우에는 「営業部長　金相徳」으로 하는 것이 좋습니다.

> 山田機械　第一営業部
> 営業部長　岩本様
>
> お世話になります。
> ABC商事の金でございます。
> 先月21日にソウルで開催された『第21回アジア精密機械展示会』で、貴社のブースへお伺い致しました。
> その節には、岩本様から貴社の製品について詳しくご説明をしていただき、誠にありがとうございました。
> つきましてはお願いがございます。貴社の総合カタログをぜひ活用させていただきたいと思いますので、電子ファイルで送っていただけないでしょうか。
> お手数ですが、よろしくお願い致します。
> 今後ともよろしくお願い申し上げます。
>
> ABC商事
> 営業部長　金相徳

「동사＋の」의 문법적 해석

「送っていただけないのでしょうか」라는 표현을 자세히 살펴봅시다. 이 문장에는 「동사＋の(こと)」라는 표현이 쓰였는데, 「の(こと)」는 앞에 오는 동사의 내용이 명사의 기능을 하도록 합니다.

예 外国語を勉強するのは楽しいです。외국어를 공부하는 것은 즐겁습니다.

外国語を勉強することは楽しいです。외국어를 공부하는 것은 즐겁습니다.

따라서 「送っていただけないのでしょうか」에서 「の」는 「送っていただけない」라는 문장을 명사로 하여 이 명사가 의미하는 바를 「でしょうか」로 상대에게 확인하는 구조가 됩니다. 즉, 상대가 보내지 않는다는 사실을 확인하는 내용이 되어 원래 말하고자 하는 내용과 정반대의 문장이 됩니다. 그러므로 여기서는 「送っていただけないでしょうか」라고 해야 합니다.

2 두 문장의 결합(복문)

〈비즈니스 메일의 완성〉에 있는 다음 문장을 살펴봅시다. 「先月21日にソウルで開催された『第21回アジア精密機械展示会』で、貴社のブースへお伺い致しました。その節には、岩本様から貴社の製品について詳しくご説明をしていただき、誠にありがとうございました。」이 문장은 문법적으로는 전혀 문제가 없습니다. 다만, 일본인이 읽었을 때 의미는 이해가 되지만 약간 어색하게 느껴집니다. 그 이유는 일본인이라면 보통 위와 같은 두 개의 문장을 아래와 같이 연결해서 쓰기 때문입니다.

> 先月21日にソウルで開催された『第21回アジア精密機械展示会』で、貴社のブースへお伺いした節には、岩本様から貴社の製品について詳しくご説明をしていただき、誠にありがとうございました。

일본어 문장에는 단문, 중문, 복문의 세 종류가 있습니다.

단문은 「花が咲いた(꽃이 피었다)」나 「赤い花がみごとに咲いた(빨간 꽃이 멋지게 피었다)」와 같이 술어가 하나로 이루어진 문장을 말합니다.

중문은 두 개 또는 그 이상의 대등한 단문이 나란히 연결된 구조를 말합니다. 예를 들면 「私は本が好きで、妹はスポーツが好きです。(나는 책을 좋아하고 여동생은 운동을 좋아합니다.)」와 같은 문장입니다.

복문은 하나의 단문 안에 또 다른 단문이 포함되어 있는 것을 말합니다. 예를 들면 「吉田さんは、金子さんはまだ韓国に来たことがないと言った(요시다 씨는 가네코 씨가 아직 한국에 온 적이 없다고 말했다)」라는 문장이 해당됩니다. 이것은 「吉田さんは言った」라는 문장과 「金子さんはまだ韓国に来たことがない」라는 두 개의 문장이 하나로 연결된 구조입니다.

복문은 일본어에서 많이 사용되는 일반적인 표현이지만 문장 구조가 복잡해 내용을 한 번에 이해하기 어려운 경우도 있습니다. 따라서 일본어가 아직 서툴다면 작문을 할 때 무리하게 복문을 사용하기 보다는 여러 개의 단문으로 나누어 쓰는 것이 좋습니다. 하지만 일본어 작문에 능숙해지면 꼭 복문으로도 도전해 보세요.

3 문서 작성 예

「お世話になります」와「よろしくお願いします」와 같은 정형 표현을 사용한 감사 문서 작성 예를 아래와 같이 제시하니 참고하시기 바랍니다.

케이스 1 회의 참여에 대한 감사

柏株式会社　営業部
近田博之様

いつも大変お世話になっております。
株式会社　海山商事　営業部の池田光太郎です。

本日はお忙しいところ、お時間を割いていただき、ありがとうございました。
弊社の新商品「プレミアヨーグルト」について、近田様をはじめ、皆様から数々の有益なご提言をいただきましたことに厚くお礼を申し上げます。
これから御社のご要望に沿った形で、共同販促プロジェクトを推進いたします。
次回の打ち合わせでは、販促グッズに関してさらに詰めていきたいと考えております。

今後ともどうぞよろしくお願い申し上げます。

株式会社　海山商事　営業部
池田光太郎

東京ザックス株式会社　営業部
近藤隆弘様

　平素は大変お世話になっております。
　株式会社　キック商事　総務部の折原麗子でございます。

　さて、先日は貴社、岡山工場を見学させていただき、誠にありがとうございました。
　お忙しい中にもかかわらず、大変親切なご案内、ご説明をいただき、心より感謝申し上げます。
　この度の見学で学ばせていただいたことを、弊社の品質向上活動にも十分に生かしていきたく存じます。
　また、同行いたしました営業の者も、製品の良さをお客様にご理解いただく責任を心に刻んだと申しておりました。
　工場長の沖田様、ご案内いただきました安西様に、くれぐれもよろしくお伝えください。

　今後とも、どうぞよろしくお願い申し上げます。

　取り急ぎ、メールにてお礼申し上げます。

株式会社　キック商事　総務部
折原麗子

西村重工株式会社　販売部
斉藤郁夫様

　お世話になります。
　株式会社　山田機械　購買部の石川かおりです。
　貴社には日頃から格別のお引き立てをいただき、誠にありがとうございます。

　先般お願いいたしました貴社の「2020年度版カタログ」を拝受いたしました。
　早速のお手配に、感謝申し上げます。
　おかげさまで、購入計画の稟議書を作成することができました。
　今後、貴社への発注の際には必ず利用させていただきます。
　その際には、お手数をおかけすると存じますが、どうぞよろしくお願い申し上げます。

　近々、貴社へお伺いしてご挨拶いたしたいと思いますが、取り急ぎ、メールにてご報告かたがたお礼申し上げます。

　今後とも、よろしくお願い申し上げます。

　以上

株式会社　山田機械　購買部
石川かおり

ナック電気株式会社　営業部
田中郁恵様

　お世話になります。
　山田商事　電気事業部の三原正です。

　さて、過日弊社が開催いたしました新製品発表会にご臨席いただき、誠にありがと
うございました。
　皆様のおかげをもちまして、発表会を好評のうちに閉会することができました。
　今後とも皆様のご期待に沿えますよう、社員一同全力をあげて社業に努める所存で
ございますので、何とぞ、末永くご愛顧くださいますようお願い申し上げます。

　まずは、略儀ながら書中をもってお礼申し上げます。
　今後ともよろしくご指導をお願い申し上げます。

　取り急ぎ、お礼まで。

山田商事　電気事業部
三原正

KTT株式会社　山形支店長
山本健一様

　お世話になります。

　この度は、結構なお品をご恵贈いただき、誠にありがとうございました。
　弊社営業部一同、貴支店のございます山形の地を思い起こし季節の風味を満喫させ
ていただきました。
　山本様をはじめ、貴支店の皆様方のご厚情に衷心より感謝申し上げます。
　斯界の繁忙期を目前に、更なるサービス向上を目指し気持ちを引き締めております。
　まずは書中をもって御礼申し上げます。
　この度は本当にありがとうございました。

　今後ともどうぞよろしくお願い申し上げます。

株式会社　甲斐商事　営業部
金村沙織

MISSION 2

「拝啓 / 敬具」
를 이용한 정형 표현

부장님의 메모

수신자 : 야마다기계 제1영업부 부장 이와모토
발신자 : ABC상사 영업부 부장 김상덕

야마다기계의 종합 카탈로그를 보내주신 데 대한 감사 인사를 하고 카탈로그의 45페이지에 기재된 '공업용 로봇 AXB-7000형' 1대의 견적과 납품 기한, 표준 사양을 가르쳐 주셨으면 한다. 감사 인사이니 정중한 표현을 사용하기 바란다.

山田機械　第一営業部部長
岩本様

① 拝啓、山田機械の総合カタログを送ってくださり、ありがとうございました。

② とても役に立つと思います。

③ カタログの45ページに「工業用ロボットAXB-7000型」がありますが、その１台
の見積もり、納期、標準仕様の情報が知りたいのです。

④ これに関して、教えてくれませんか。

⑤ ありがとうございます。
敬具

① 拝啓、山田機械の総合カタログを送ってくださり、ありがとうございました。

비즈니스 문서 첫머리에 「お世話になります」 외에도 자주 사용되는 표현이 있습니다.
바로 「拝啓」로 시작하여 「敬具」로 끝나는 서식인데, 「拝啓」의 부분은 아래와 같은 정형
적인 문구를 사용하며, 「拝啓、山田機器の総合カタログを送ってくださり、ありが
とうございました」라는 문구는 일반적으로 사용하지 않습니다. 또한 「拝啓」 뒤에는 구
두점(、또는 。)을 붙이지 않고 한 칸 띄어 쓰는 것이 일반적입니다.

> 拝啓　新春の候ますますご清栄のこととお喜び申し上げます。
> 拝啓　貴社ますますご盛栄のこととお喜び申し上げます。
> 拝啓　貴社ますますご発展のこととお喜び申し上げます。

공식적인 의미가 강한 문서에서 일반적인 비즈니스 문서까지 사용 가능한 활용도가 높은
표현으로 이 중에서 한 가지만 제대로 알아두더라도 큰 도움이 될 것입니다.
같은 사람과 몇 번이나 메일을 주고받는 경우에는 매번 「拝啓」로 쓰는 것은 번거로우므
로 「お世話になります」나 「お世話になっております」라고 말하는 것이 좋습니다.
「拝啓」를 사용한 경우 날짜와 발신자명을 본문 앞에 씁니다. 따라서, 여기는 아래와 같이
두 개의 문장으로 나누어 쓰는 것이 좋습니다.

拝啓　貴社ますますご盛栄のこととお喜び申し上げます。
この度は、貴社の総合カタログを送っていただき、誠にありがとうございました。

② とても役に立つと思います。

「とても役に立つと思います」라는 문장은 상대방의 행동이 이쪽에 도움이 될 것이라고 추측을 하고 있다는 뜻이 됩니다. 이것은 상대방에게 굉장히 실례가 되는 표현이고 카탈로그를 보내준 것에 대한 감사를 전하려는 원래의 의도와는 정반대가 됩니다. 따라서 「弊社にとって、とても役に立ちます」라고 단정하는 것이 좋습니다. 하지만 이 문장은 생략해도 괜찮습니다.

③ カタログの45ページに「工業用ロボットAXB－7000型」がありますが、その1台の見積もり、納期、標準仕様の情報が知りたいのです。

이렇게 바로 요구하는 바를 이야기하면 읽는 입장에서는 너무 갑자기 본문으로 들어간 것 같아 당황스러울 수 있습니다. 이런 경우에는 「早速ですが、お願いがございます。」라는 문장을 추가하는 것이 좋습니다.

그리고 「標準仕様の情報が知りたいのです」에서 「知りたい」는 너무 직설적인 표현이어서 마치 초등학생이 쓴 문장 같은 느낌이 듭니다. 게다가 이 문장은 불필요한 단어가 많이 들어 있습니다. 「ありますが」, 「その」, 「情報」와 같은 단어는 없어도 의미가 통합니다. 따라서 다음과 같이 간결하게 고치는 것이 좋습니다.

早速ですが、お願いがございます。カタログの45ページの「工業用ロボットAXB－7000型」に関して、1台当たりの見積もり、納期、標準仕様をご連絡いただければ幸いです。

「ご連絡」를 「ご教示」로, 「幸いです」를 「幸甚です」라고 하면 보다 더 정중한 표현이 됩니다. 좋지 않은 일본어 문장의 특징 중의 하나가 바로 불필요한 단어나 내용의 중복입니다. 작문을 할 때에 이런 불필요한 단어나 내용이 중복되지 않도록 어휘 선택에 주의하며 문장을 간결하게 작성하도록 하는 것이 좋겠습니다.

④ これに関して、教えてくれませんか。

「教えてくれませんか」는 상대방에게 명령하는 느낌을 주어 실례가 됩니다. 「教えていただけませんか」가 적절하지만 이 문장은 없어도 좋습니다.

⑤ ありがとうございます。

비즈니스 문서는 「よろしくお願い致します」나 「よろしくお願い申し上げます」로 끝나는 것이 일반적입니다. 한국의 비즈니스 문서는 '감사합니다'로 끝나는 경우가 많지만 일본 비즈니스 문서에서 「ありがとうございます」는 일반적으로 잘 사용하지 않습니다.

04 비즈니스 메일의 완성

20XX年 XX月 XX日

山田機械　第一営業部部長
岩本様

ABC商事
営業部長　金相徳

拝啓　貴社ますますご盛栄のこととお喜び申し上げます。
この度は、貴社の総合カタログを送っていただき、誠にありがとうございました。
早速ですが、お願いがございます。カタログの45ページの「工業用ロボット
AXB－7000型」に関して、1台当たりの見積もり、納期、標準仕様をご連絡いただければ幸いです。
よろしくお願い致します。

敬具

니시다 씨의 One Point Lesson

시작말(頭語)과 맺음말(結語)의 조합에 주의하자!

「拝啓」는 시작말, 「敬具」는 맺음말이라고 합니다. 이러한 표현은 편지나 비즈니스 문서에서 사용하는 특유의 단어로 「こんにちは」, 「さようなら」에 해당합니다. 시작말과 맺음말은 보통 짝을 이루어 함께 쓰입니다.

용도	시작말	맺음말
일반적인 문서	拝啓 (はいけい)	敬具 (けいぐ)
	拝呈 (はいてい)	拝具 (はいぐ)
특히 의례적인 문서	謹啓 (きんけい)	謹白 (きんぱく)
	恭啓 (きょうけい)	謹言 (きんげん)
회신하는 경우	拝復 (はいふく)	敬具
	復啓 (ふくけい)	拝具
급한 용무인 경우	急啓 (きゅうけい)	草々 (そうそう)
	急白 (きゅうびゃく)	不尽 (ふじん)
전문을 생략한 경우	前略 (ぜんりゃく)	草々
	冠省 (かんしょう)	不尽
다시 보내는 편지	再啓 (さいけい)	敬具
	追啓 (ついけい)	拝具
부고	없음	合掌 (がっしょう)
		敬具

2 시작말 다음에 오는 표현

① 계절 인사

문서의 목적과 내용에 따라서는 시작말 뒤에 계절 인사를 넣는 경우가 있습니다. 일상회화에서 「暖かくなってきましたね」라고 하듯이 비즈니스 문서에서도 이와 같은 의미의 문장을 씁니다. 계절이나 월마다 사용하는 문구가 정해져 있는데, 계절 인사를 반드시 넣어야 하는 것은 아니지만 본론에 들어가기 앞서 조금 더 부드럽고 정중한 느낌을 줄 수 있습니다.

1월	寒気厳しい折から / 厳寒の候 / 初春の候 / 新春の候
2월	余寒の候 / 晩冬の候 / 梅のつぼみがふくらみ始めた今日この頃 / 立春の候
3월	早春の候 / 浅春の候 / 雪解けの候 / 春一番がふき / ようやく春めいて
4월	晩春の候 / 春暖の候 / 陽春の候 / 桜の便りが聞こえてくる今日この頃
5월	新緑の候 / 若葉の候 / 薫風の候 / 風薫る爽やかな季節となりました
6월	新緑の候 / 若葉の候 / 薫風の候 / 風薫る爽やかな季節となりました
7월	盛夏の候 / 大暑の候 / 猛暑の候 / 暑さ厳しい折から
8월	残暑の候 / 晩夏の候 / 秋暑の候 / 残暑厳しい折から
9월	初秋の候 / 新秋の候 / 新涼の候 / 美しい秋晴れが続いております
10월	仲秋の候 / 秋冷の候 / 紅葉の候 / そろそろ、街路樹が色づき始めました
11월	晩秋の候 / 向寒の候 / 初冬の候 / 冬の気配が感じられる今日この頃
12월	初冬の候 / 師走の候 / 寒冷の候 / 今年も残り少なくなって参りました

② 인사말

시작말 다음에 인사말로 아래와 같은 관용 표현을 씁니다. 상대 회사의 번영을 기원하기 위해 「ご清栄・ご盛栄・ご発展」과 같은 어휘를 사용합니다. 한편, 「時下」는 모든 계절에 사용할 수 있는 표현이지만 격식을 차린 공식적인 문서에는 사용하지 않으므로 주의가 필요합니다.

예 拝啓　新春の候、貴社ますますご清栄のこととお喜び申し上げます。

　　 拝啓　貴社ますますご盛栄のこととお喜び申し上げます。

　　 拝啓　貴社ますますご発展のこととお喜び申し上げます。

　　 拝啓　時下ますますご繁栄のこととお喜び申し上げます。

　　 拝啓　平素は格別のご高配を賜り、厚く御礼申し上げます。

케이스 1 견적 의뢰

20XX年 6月 XX日

株式会社 滋賀機械
営業部 西本様

株式会社 TEC商事
化成品事業部 野方由紀

お見積りの依頼

拝啓 初夏の候、貴社益々ご繁栄のこととお喜び申し上げます。
先週は突然の電話での問い合わせに対し、丁寧なご対応を賜り、厚く御礼を申し上げます。
さて、電話でお問い合わせさせていただきました、御社の遠心分離機XTY-201型のお見積りを正式に頂戴いたしたく、メールを差し上げた次第です。
お見積り仕様書につきましては、近々、弊社購買部からお送りさせていただきますが、内容は先週お電話でご相談させていただいたものと変わりません。

取り急ぎ、ご連絡申し上げます。
今後ともよろしくお願い申し上げます。

敬具

20XX年 2月 XX日

株式会社京都化学
営業部長　石田和夫様

東京都千代田区九段北1-15-14
株式会社　毎日コミュニケーションズ
営業部長　鈴木太

サンプルご送付のご案内

拝啓　晩冬の候、貴社益々ご繁栄のこととお喜び申し上げます。
平素はひとかたならぬ御愛顧を賜り、厚く御礼申し上げます。

さて、弊社が総力をあげて開発しましたIT関連の新製品ですが、このたびサンプル
が完成致しましたので、ご送付申し上げます。
商品の機能、品質および価格の面から見ても、貴社のご期待に沿うことが出来るも
のと存じます。

ぜひとも販売にご尽力願うとともに、今後貴社とのお取引がより一層の拡大拡充す
ることをお願い申し上げます。

まずは見本送付のご案内まで。

敬具

追記
製品価格につきましては、追ってご連絡させていただきます。

20XX年 11月 XX日

株式会社 ゼット建設
技術部　金谷松男様

株式会社　山西電器
営業部　田口健一

技術資料送付について

拝啓　晩秋の候、貴社におかれましては益々ご盛栄のこととお慶び申し上げます。

先般は、当社製品「○○○」についてお問い合わせいただき、誠にありがとうございました。

取り急ぎ、当該商品に関する技術資料を送付させていただきます。

なお、ご質問等につきましては、私、田口までご連絡いただければ幸甚に存じます。

今後ともご愛顧のほど宜しくお願い申し上げます。

敬具

20XX年 XX月 XX日

株式会社　村田倉庫
取締役社長　木下三郎様

有限会社　片桐運輸
代表　輪島恵子

お見舞い

急啓　貴社が先日の火災で甚大な被害を受けたことを知り、社員一同ご案じ申し上げております。
皆様のご心痛、いかばかりかと存じ上げます。
お怪我をされた方々の一日も早いご回復と、貴社の復興をお祈り申し上げるばかりです。
何かのお役に立てていただきたく、お見舞いの品を同封いたしました。
私どもにご協力できることがございましたら、何なりと申し付けください。
まずは取り急ぎお見舞い申し上げます。

草々

20XX年 8月 XX日

株式会社　サンキュー商事
総務部長　山田太郎様

いろは商店株式会社

営業部長　田中一郎

新サービス開始について

拝啓　残暑の候、貴社ますますご盛栄のこととお喜び申し上げます。

平素は格別のご高配を賜り、厚くお礼申し上げます。

さて、かねてよりご案内申し上げておりました新サービスを来月開始する運びとなりました。

長年ご愛顧を賜りました現サービスをベースに開発した新サービスは、貴社の情報一元管理に一層貢献するものと自負いたしております。

つきましては、下記の通り展示発表会を行いたいと存じますので、部長をはじめ、ご関連部署の皆様方のご光臨を賜りますようご案内申し上げます。

どうか、今後ともお引き立て賜りますようお願い申し上げます。

貴社のますますのご発展を心より祈念申し上げます。

敬具

記

1.　日時：9月7日(金) 午前10時から午後6時まで
2.　場所：弊社6階大会議室
3.　内容：弊社新サービスの全容ご紹介

なお、同封いたしました葉書でご来社予定時間をお知らせいただければ、担当者を待機させますので、誠に恐縮ではございますが、XX月XX日までにご投函くださるようお願いいたします。

以上

MISSION 3

「下記」
를 이용한 정형 표현

부장님의 메모

수신자 : 주식회사 파코스(パコス) 본사 기술부장
　　　　다케야마 사다오(武山貞夫)
발신자 : ABC상사 김아미

출장 중인 본인을 대신해 김아미 씨가 다케야마 부장에게 메일을 보내
주길 바란다. 다케야마 부장이 문의한 미국 거래처는 'IM Technology
사'이고 웹사이트는 www.geglobal.com이다. 웹사이트에 연락처와 전
화번호가 있으니 직접 문의하길 바란다고 전달해 주었으면 한다.

株式会社パコス 本社

技術部長 武山貞夫様

いつもお世話になっております。

① 現在、 金部長は出張中なので、代わりに私から返事を書かせていただきます。

② 問い合わせなさいました件は、下記の通りです。

③ アメリカの取引先：IM Technology社

ウェブサイト：www.geglobal.com

お手数をかけますが、ウェブサイトに入り、同社の連絡先と電話番号をご覧になり、問い合わせしていただけないでしょうか。

よろしくお願い申し上げます。

ABC商事

金児美

① **現在、 金部長は出張中なので、代わりに私から返事を書かせていただきます。**

부장님을 대신해 메일을 쓰는 것이니 먼저 자기소개를 하는 것이 예의입니다. 상대방은 마지막 줄에 '김아미'라는 이름을 보기 전에는 메일을 보낸「私」가 누구인지 알지 못합니다. 그러므로 첫 문장으로는「ABC商事の金児美と申します」를 넣는 것이 좋습니다.

그리고「部長」에 존경의 의미가 들어있기 때문에 상대방에게 자신의 상사에 대해 이야기할 때에는「金部長」가 아니라「弊社営業部長の金」라고 해야 합니다.

「出張中なので」는 정중한 표현이 아니기 때문에「出張中ですので」로 고치고,「代わりに」는 필요 없습니다.「返事」보다는「お返事」가 더 적절합니다.「書かせていただきます」는 문법적으로는 문제가 없지만 여기서는 좀 더 간단하게「お返事をお送り致します」또는「取り急ぎ、お返事をお送り致します」로 하는 것이 좋습니다.

정리하면 다음과 같습니다.

ABC商事の金児美と申します。

現在、弊社営業部長の金は出張中ですので、私から取り急ぎ、お返事をお送り致します。

② 問い合わせなさいました件は、下記の通りです。

「問い合わせ」는「お問い合わせ」라고 하는 것이 적절합니다. 여기에서「お問い合わせなさいました件は、」는「パコス社が、問い合わせという行動を行った件については、」라는 의미를 존경어로 표현하고 있습니다. 즉, 상대방의 행동을 중심으로 한 표현입니다. 반대로 문의를 받은 ABC상사를 중심으로 한 표현은「お問い合わせをいただいた件は、」인데, 상대방으로부터 ABC상사가 문의를 받은 것을 겸양 표현으로 나타내고 있습니다. 일반적으로 일본어에서는 겸양 표현이나 수동 표현을 선호하는 경향이 있기 때문에 여기에서는「お問い合わせをいただいた件は、」를 사용하도록 합시다.

「お問い合わせをいただいた件は、下記の通りです」로 하면,「お問い合わせをいただいた件 ＝ 下記の通りです」와 같은 문장 구조가 됩니다. 그러나 전달하고자 하는 내용이 상대 회사가 문의한 내용에 대한 답변이므로「お問い合わせをいただいた件の回答は、下記の通りです」라는 구조가 되어야 합니다. 단, 이 표현만으로는 다소 부자연스럽기 때문에 여기에 겸양어를 덧붙여서 다음과 같이 수정하면「お問い合わせをいただいた件につきましては、下記の通り回答させていただきます」자연스러운 일본어 문장이 됩니다.

> お問い合わせをいただいた件につきましては、下記の通り回答させていただきます。

③ アメリカの取引先：IM Technology社〜

일본의 비즈니스 문서에는「下記」를 이용해 추가문을 쓰는 형식이 정해져 있습니다. 추가문을 쓸 때는「下記の通り」,「記」,「以上」라는 정형 표현이 꼭 들어가야 합니다. 이러한 정형 표현을 이용하여「記」이하의 추가문을 만들면 다음과 같습니다.

> 記
>
> 1．アメリカの取引先：IM Technology社
> 2．同社ウェブサイト：www.geglobal.com
>
> ウェブサイトに、同社の連絡先と電話番号がございますので、直接、お問い合わせしていただければ幸甚です。
>
> 　　　　　　　　　　　　　　　　　　　　　　　以上
> 　　　　　　　　　　　　　　　　　　　　　　　ABC商事
> 　　　　　　　　　　　　　　　　　　　　　　　金児美

株式会社パコス　本社
技術部長　武山貞夫様

いつもお世話になっております。
ABC商事の金児美と申します。
現在、弊社営業部長の金は出張中ですので、私から取り急ぎ、お返事をお送り
致します。

お問い合わせをいただいた件につきましては、下記の通り回答させていただき
ます。
よろしくお願い申し上げます。

記

１．アメリカの取引先：IM Technology社
２．同社ウェブサイト：www.geglobal.com

ウェブサイトに、同社の連絡先と電話番号がございますので、直接、お問い合
わせしていただければ幸甚です。

以上
ABC商事
金児美

니시다 씨의 One Point Lesson

1. 「下記」, 「記」, 「以上」의 표현

추가문을 쓸 때 사용하는 「下記」, 「記」, 「以上」는 일본에서 이메일 이외에도 편지나 통지서 등의 비즈니스 문서에서 많이 사용되고 있는 정형적인 표현입니다. 추가문을 쓸 때 주의해야 할 점은 한 장의 서류 안에 「記」에서 말하고자 하는 내용을 모두 기재할 수 있는 경우에 사용해야 한다는 것입니다. 서류가 여러 장인 경우에는 통상적으로 「以下の通り」라는 말을 사용하고 이런 경우에는 「記」나 「以上」는 필요 없습니다. 내용에 따라서는 첨부하는 종이 첫머리에 「附記」, 「付記」, 「別紙」라고 쓰고 그 아래에 관련 내용을 자세하게 기재합니다. 이와 같은 형식을 보통의 비즈니스 메일로 사용하면 상대방에게 매우 딱딱한 인상을 줄 수 있으니 꼭 필요한 때에 적절하게 사용하는 것이 좋습니다.

2. 문서 작성 예

케이스 1 사내문서 기본 양식

発０６総－第１５号
20○○年 ○○月 ○○日

○○部長

△△部 ＊＊＊

○○○の件
○○○について、下記のとおりご連絡いたします。

なお、_____

_____

記

1. _____

2. _____

以上

△△部 ＊＊＊
内線 １２３４

発06総－第15号
20○○年 ○○月 ○○日

株式会社 ○○○
代表取締役社長 ○○○様

株式会社 △△△△
△△部 ＊＊＊＊

○○○○についてのご案内

拝啓 _____

さて、_____

_____

つきましては、下記の通り_____

まずは用件のみ_____

敬具

記

1. _____

2. _____

3. _____

以上

20XX年 4月 XX日

愛知県名古屋市○○町 1-1-1

クマック株式会社

営業本部長　齋藤様

東京都千代田区□□□□□□□

株式会社 テクノ技研

広報室長　田岡壮一

名古屋営業所移転についてのご案内

拝啓 春暖の候、貴社益々ご清栄のこととお慶び申し上げます。

平素は格別のお引き立てをいただきまして、誠にありがとうございます。

さて、弊社名古屋営業所は事業内容の拡大にともない、来る4月15日(金)をもちまして下記の通り移転することになりました。

新営業所はJR名古屋駅の近く、また駐車場も完備しておりますので、近くに来られました折にでも、是非一度お立ち寄りくださいますようお願い申し上げます。

これを機に社員一同、心を新たにして一層の努力をいたす所存でございますので、今後ともお引き立てのほど、よろしくお願い申し上げます。

まずは、用件のみご挨拶まで。

敬具

記

新営業所　名古屋市△△区▽▽丁目X－X第★ビル3階

電話　　　０５２－○○○－○○○○

以上

20○○年 10月 ○○日

石室優香様

大阪府□□□□□□□
株式会社 東建
人事部 今西賢

役員面接についてのご案内

拝啓 仲秋の候、石室様におかれましては益々ご清栄のこととお慶び申し上げます。

この度は、弊社面接にご参加いただき誠にありがとうございました。

さて、厳正なる選考の結果、石室様に次のステップへ進んでいただくことになりました。

つきましては、下記の通り役員面接を行いますので、万障お繰り合わせの上、ご参加いただきたくお願い申し上げます。

ご質問等ございましたら、遠慮なくご連絡ください。

当日、お会いできることを楽しみにしております。

まずは用件のみ、ご案内申し上げます。

敬具

記

・日時：20○○年 ○月 ○日(○曜日) 午後3時30分より4時30分まで
・場所：弊社5階会議室

以上

20XX年 XX月 XX日

財団法人　起業支援研究会
専務理事　妻夫木郁男様

学校法人　川崎大学
総長　香西敏夫

委員の推薦について

謹啓　早春の候、貴会におかれましては益々ご清栄のこととお慶び申し上げます。

日頃より当校の活動にご理解ご協力いただき、誠にありがとうございます。

さて、先般ご依頼のありました、「倫理綱領策定委員会」委員につきまして、当校文学部教授の横山和佳子を推薦させていただきます。

横山は、我が国におけるジェンダーフリー研究の第一人者であり、長年の研究成果を活かし委員会においても貢献できるものと拝察いたします。

つきましては、下記の通り、横山の略歴と研究実績等をまとめた資料を同封いたしますので、ご査収を賜りたく存じます。

ご笑覧の上、宜しくご検討いただければ幸甚です。

まずは用件のみ、ご報告申し上げます。

謹白

記

同封物内容
1．履歴書(和文と英文で各1部)
2．職務経歴書
3．研究実績一覧
4．主要論文の写し(3部)

以上

MISSION 4

「계절 안부 인사」
를 이용한 정형 표현

01 부장님의 메모

수신자 : 각 거래처의 대표
발신자 : ABC상사 대표이사 사장 이일민(李一民)

사장님 이름으로 여름 안부 인사를 보냈으면 한다. 아울러 ABC상사가
오는 8월 11일부터 8월 15일까지 여름휴가에 들어간다는 소식도 전달
하기 바란다.

새내기의 일본어 작문

"니시다 씨, 전혀 모르겠어요. 도와주세요!"

니시다 씨의 해설

　사장님을 대신해 각 거래처의 대표분들에게 인사 메일을 보내는 것은 신입사원에게는 조금 까다롭게 느껴질 수 있습니다. 아래와 같이 완성된 메일을 제시하고 그에 대해 설명하도록 하겠습니다.

비즈니스 메일의 완성

暑中お見舞い申し上げます。
皆様には益々ご清祥のこととお慶び申し上げます。
平素は格別のご愛顧を賜り心よりお礼申し上げます。
弊社は誠に勝手ながら下記の通り夏期休業とさせていただきます。
ご迷惑をおかけ致しますが、何卒ご了承くださるようお願い申し上げます。
20○○年　盛夏

夏期休業期間：8月11日(月)～8月15日(金)

住所：☆☆☆□□□△△△
TEL：○○-○○○-○○○
FAX：○○-○○○-○○○

株式会社　ABC商事
代表取締役社長　李一民

여름 인사문을 보내는 시기

일본에서는 장마가 끝날 무렵인 7월 초순에서 입추(8월 7일경) 사이에 일년 중 가장 더운 시기에 상대방의 건강을 염려하는 문장을 써서 보냅니다. 입추 이후에는 달력 상으로 가을에 접어들었어도 아직 덥다는 의미에서 늦더위 인사를 하는 것이 일반적입니다.

여름 인사문 작성의 포인트

비즈니스 관련 거래처 등에 보내는 여름 인사문의 경우에는 시작말이나 맺음말은 생략하고 날짜는 「○○년 ○○월 ○○일」과 같이 상세하게 쓰지 않는 것이 관례입니다.

또 본문에 「下記」라는 말을 써도 기존의 추가문을 쓰듯이 「記」를 반드시 써야 하는 것은 아닙니다. 「以上」역시 사용하지 않는 것이 관례입니다. 이러한 포인트는 여름 인사만이 아니라 다른 계절 인사에도 공통적으로 사용할 수 있습니다.

그리고 수신자가 다수일 경우에는 서문에 수신인을 기입하지 않습니다. 특정한 누군가에게 보내는 경우라면 문장 첫머리에 수신인의 이름을 기입해야 합니다.

문서 작성 예

케이스 1 연하장

ヤモックス株式会社
営業部　前田陽子様

　新年あけましておめでとうございます。
　昨年は格別のお引立てを賜り厚く御礼申し上げます。
　本年も、より一層のご支援を賜りますよう、心よりお願い申し上げます。

エリス株式会社
石室亜紀

NK物産株式会社
システム開発部部長　田代様

残暑お見舞い申し上げます。
夏休みはいかがお過ごしでしょうか。

お陰さまで、弊社は今月に入り主力の半導体事業を中心に需要が上向き傾向にあり、社員一同フル稼動で生産に追われています。
このままいけば、なんとか9月末には当期計画を達成できる予定です。

今年は例年になく残暑が厳しいようです。
田代様におかれましても、どうかご自愛下さいませ。
略儀ながらメールにて、ご報告かたがたご挨拶申し上げます。

井川電工(株)
営業部長
川村茜

東京都○○区○○町1番5号 中山ビル5階
tel　03-△△△-□□□□□
E-mail kawamura@ikawa.co.jp

山王機械株式会社
営業本部長 山根明様

　寒中お見舞い申し上げます。
　先日はお忙しい中、お時間を頂戴しましてありがとうございました。
　その後、プロジェクトの進捗状況はいかがでしょうか。
　もしご不明な点がございましたら、いつでもご連絡ください 。
　また改めてご挨拶にお伺いいたします。
　よろしくお願い申し上げます。

　ネックス商事(株)
　営業部 山峰あかね
　tel ○○-○○○-○○○
　E-mail akane@nexshoji.co.jp

AKK鉄鋼所 資材部
吉本真一様

　先日は暑中のお見舞い状をいただき、誠にありがとうございました。
　暑い日が続き、水不足も心配されていますが、お元気でお過ごしとの由、何よりのこととうれしく拝見いたしました。
　私どもも、お陰さまで皆元気に過ごしております。
　先週は、家族４名で５日間沖縄へ旅行をして、すばらしい自然を満喫してまいりました。
　猛暑のみぎり、御自愛専一のほどお祈り申し上げます。

　20XX年 盛夏
三池商事
石田武

株式会社　桧山
営業部　金田様

　余寒お見舞い申し上げます。

　日頃は、格別のお引き立てを賜わり厚くお礼申し上げます。
　さて、会計年度末まで余すところわずかとなり、弊社では決算セールを３月１日から１０日まで開催することと相成りました。
　皆様には、是非とも当社各店舗へ足をお運びいただけましたら幸いに存じます。
　日々暖かさを増してはまいりましたが、まだまだ寒い日もございますので、貴社の皆様方におかれましては、くれぐれもご自愛いただきますようお祈り申し上げます。

〒　＊＊＊ー＊＊＊＊
住所　○○○☆☆☆□□□△△△
TEL　○○ー○○○ー○○○
株式会社　テスコ
営業部　真田ゆかり

일본에는 옛날부터 전해지는 월의 별칭이 있습니다. 음력을 기준으로 하여 양력과는 시기가 조금 다르지만 비즈니스 문서에서 종종 계절어로 사용되기도 합니다.

1월	睦月 (むつき)	친척이나 지인들이 사이 좋게 만나는 달(睦び月)이라는 설이 유력하다.
2월	如月 (きさらぎ)	날씨가 추워 옷을 많이 겹쳐 입는다는 의미의 「衣更着」라는 말에서 유래한다고 한다.
3월	弥生 (やよい)	「草木弥生月」을 줄인 말로 「ますます」 또는 「いよいよ」를 의미하는 「弥」와 「生い茂る」라는 의미의 「生」가 합해졌다. 많은 생물이 자라는 시기라 이와 같은 이름이 붙여졌다.
4월	卯月 (うづき)	문자 그대로 「卯の花(병꽃나무)」가 피는 달(月)이라서 붙여졌다는 설이 일반적이다.
5월	皐月 (さつき)	우기에 들어가고 모내기가 시작되는 시기로 「早苗月」「小苗月」가 생략된 것이라는 설 등이 있다.
6월	水無月 (みなづき)	「無」는 조사 「の」의 의미로 쓰여 「水の月」라는 설이 유력하다. 모내기가 끝나 논에 물을 주어야 하는 시기이기 때문이다.
7월	文月 (ふみづき)	칠석 행사에서 단자쿠(短冊)에 시 등을 쓰고 서예를 잘할 수 있도록 기원하는 데서 유래한 것으로 알려져 있다.
8월	葉月 (はづき)	잎이 무성해진다는 의미가 아니라 잎이 떨어지기 시작하는 때를 맞이한다는 의미에서 온 것이다.
9월	長月 (ながつき)	「夜長月」가 어원이다. 한편, 이 시기는 벼의 수확기이기도 하여 「稲刈月」「稲熟月」가 변해서 「長月」로 되었다는 설도 있다.
10월	神無月 (かんなづき)	확실한 어원은 알려지지 않았으나 한 해의 중요한 일을 상의하기 위해 각 지방의 신들이 이즈모타이샤(出雲大社)에 모여서 신이 없다는 의미로 「神無月」라 한다는 이야기가 유명하다.
11월	霜月 (しもつき)	문자 그대로 본격적인 겨울을 맞이하여 서리가 내리는 시기여서 「霜月」라고 부른다.
12월	師走 (しわす)	연말에는 모두 바빠서 평소에는 달리지 않는 승려조차도 분주하게 뛰어 돌아다니는 달이라는 설이 일반적이다.

MISSION
5

「アポをとる」

약속을 잡다

01　부장님의 메모

수신자 : 오카와(大川)제작소 오사카 본사 영업 2 부 부장 和良比健史
발신자 : ABC상사 영업부 부장 김상덕

오카와제작소와의 계약 연장을 협의하기 위해 다음 달에 오사카를 방문하여 和良比健史 부장을 만나고 싶다. 다음 달 하순에 미팅이 가능한 날짜를 알고 싶다.
한편, 오카와제작소에서는 인사 이동이 있었는데 和良比健史 부장은 인사 발령을 받은 지 얼마 되지 않아 연락하는 것은 이번이 처음이다. 和良比健史라는 이름은 어떻게 읽으며 어디까지가 성(姓)인지도 알지 못한다.

大川製作所　大阪本社
営業２部部長
和良比健史様

① いつもお世話になっております。

② ABC商事の 金相徳と申します。

新しい部署に移動になり、大変な所だと存じますが、もうすぐ契約の期限が近づいてきます。

③ つきまして、来月に御社に尋ねて契約内容を協議したいのですが、いかがでしょうか。

協議を行う日は来月下旬にしようと思っておりますが、希望の日時がございましたら、教えていただけないでしょうか。

④ 失礼ですけれども、部長のお名前の読み方がよく存じませんので、教えていただけないでしょうか。

⑤ では、よろしくお願い致します。

ABC商事
営業部部長　金相徳

① いつもお世話になっております。

「おります」는 「います」의 정중한 표현으로 일본어 비즈니스 문서에서 「お世話になっています」와 「お世話になっております」는 한국어의 '안녕하십니까?'나 '안녕하세요'와 같이 정형화된 표현으로 둘 다 정중한 표현이기 때문에 어느 쪽을 사용해도 그다지 큰 차이는 없습니다.

② ABC商事の金相徳と申します。 ～ 近づいてきます。

상대방과 만난 적이 없기 때문에 실례가 되지 않도록 「差し上げます」라는 윗사람에 사용하는 표현을 사용해 「初めて、メールを差し上げます。ABC商事の金相徳と申しま

す」라고 하는 것이 좋습니다. 중요한 파트너나 고객 등에게 특별히 정중하게 말해야 하는 경우에는 「初めて、メールを差し上げるご無礼をお許しください」라고 할 수도 있습니다.

오카와제작소에서는 얼마 전에 인사 이동이 있었기 때문에 「新しい部署に移動になり、大変な所だと存じますが、…」라는 표현으로 상대방에 대해 염려하는 마음을 나타내고 있습니다. 그러나 「大変な所」의 「所」는 '장소'라는 의미가 있어 「移動した新しい部署は、大変難しい部署だ」와 같이 상대방 회사의 험담을 하는 것처럼 느껴질 수 있습니다. 「移動したばかりで、大変お忙しい時でしょう」와 같이 「時」의 의미로 말하고자 한다면 보통 「大変なところだと存じますが」처럼 「所」를 히라가나로 쓰는 것이 좋습니다. 하지만 이런 배려는 친한 상대에게 해당하는 것으로 그렇지 않은 경우에는 여기서는 삭제하는 것이 좋습니다.

다음으로 「もうすぐ契約の期限が近づいてきます」는 너무 갑작스럽게 본론으로 들어가는 느낌을 줍니다. 여기에는 연결 부분이 되는 문장을 넣읍시다. 예를 들면, 「さっそくですが、ご相談がございます」라는 표현이 일반적이므로 기억해 두는 것이 좋습니다. 또 「契約の期限が近づいてきます」는 「実は、貴社との契約期限が迫っております」라고 해야 자연스러운 일본어가 됩니다. 상대방의 회사를 지칭할 때는 「御社」보다 「貴社」가 적절합니다.

> 初めて、メールを差し上げます。
> ABC商事の金相徳と申します。
> さっそくですが、ご相談がございます。
> 実は、貴社との契約期限が迫っております。

③ つきまして、来月に御社に尋ねて契約内容を協議したいのですが、〜 教えていただけないでしょうか。

이 부분은 비즈니스 경험이 적은 신입사원에게는 어려운 작문입니다. 먼저 앞 문장을 보면 「つきまして、」는 「つきましては、」라고 하는 것이 자연스럽고, 「尋ねて」는 「聞く」라는 의미이므로 여기는 「訪問する」라는 의미의 「訪ねて」가 들어가야 합니다. 그러나 「貴社に訪ねて」라고는 일반적으로 말하지 않기 때문에 「ご訪問する」를 사용하는 것이 자연스럽습니다.

뒷문장에서 「協議を行う日は来月下旬にしようと思っておりますが、」라고 하면 협의 일정을 이쪽에서 일방적으로 정한다는 의미로 읽혀집니다. 이런 표현은 상대방의 의견을 무시하는 것처럼 들릴 수 있으므로 완충 표현과 겸양 표현을 추가하여 좀 더 정중하게 수정하는 것이 좋겠습니다.

> 弊社としましては貴社との契約の延長を希望しておりますので、つきまして
> は、私が貴社をご訪問させていただき、契約の延長についてご相談をさせて
> いただきたいのですが、如何でしょうか。
> もし、よろしければ、来月下旬に貴社にお伺いしたいと考えております。
> 来月下旬で、ご都合のよい日時をご教示いただければ幸甚です。

④ 失礼ですけれども、部長のお名前の読み方がよく存じませんので、教えていただ
けないでしょうか。

이 문장은 내용이 바뀌는 곳이기 때문에 처음에 「尚」 등을 넣는 것이 좋습니다. 그리고
「失礼ですけれども、」도 좋지만 더 간단하게 「失礼ですが、」라고 해도 괜찮습니다.
다음의 「存じる」라는 표현은 「存ずる」라는 동사의 변화형으로 「知る」의 겸양어입니다.
따라서 「存じません」을 「知りません」으로 바꿔 보면 「部長のお名前の読み方が知り
ませんので」로 이상한 일본어가 됩니다. 여기는 「部長のお名前の読み方を存じません
ので」로 하거나 더 정중하게 「部長のお名前の読み方を存じ上げませんので」로 하는
것이 좋습니다. 다만, 조금 딱딱한 느낌을 주므로 더 간단하게 「部長のお名前の読み方
が分かりませんので」면 충분합니다.
마지막의 「教えていただけないでしょうか」는 이대로도 괜찮지만 「ご教示いただけれ
ば幸いです」 또는 「ご教示いただければ幸甚です」라고도 할 수 있습니다.

> 尚、失礼ですが、部長のお名前の読み方が分かりませんのでご教示いただけ
> れば幸いです。

⑤ では、よろしくお願い致します。

「では」는 보통 친한 상대에게 사용하는 말이므로 여기서는 「よろしくお願い致します」
라고 하는 것이 좋습니다.

大川製作所　大阪本社
営業２部部長
和良比健史様

　いつもお世話になっております。
　初めて、メールを差し上げます。
　ABC商事の金相徳と申します。
　さっそくですが、ご相談がございます。
　実は、貴社との契約期限が迫っております。
　弊社としましては貴社との契約の延長を希望しておりますので、つきまして
は、私が貴社をご訪問させていただき、契約の延長についてご相談をさせてい
ただきたいのですが、如何でしょうか。
　もし、よろしければ、来月下旬に貴社にお伺いしたいと考えております。
　来月下旬で、ご都合のよい日時をご教示いただければ幸甚です。
　尚、失礼ですが、部長のお名前の読み方が分かりませんので、ご教示いただけ
れば幸いです。
　よろしくお願い致します。

ABC商事
営業部部長　金相徳

「御社」와 「貴社」의 차이

상대방의 회사를 가리키는 단어로 「御社」와 「貴社」가 있습니다. 이 두 단어는 어떤 차이가 있을까요? 회화에서는 「御社」를, 문서에서는 「貴社」를 쓰는 것이 일반적입니다. 회화에서 「貴社」를 사용하면 「帰社」라고 잘못 들을 가능성이 있기 때문에 면접이나 전화응대 등에서는 「御社」를 사용합니다. 편지나 메일의 경우, 친분이 있는 사이라면 「御社」라고 해도 괜찮지만 일반적으로 전문에 「貴社ますますご清栄のこととお喜び申し上げます」라는 정형문을 사용하는 경우가 많기 때문에 「貴社」를 사용하는 것이 일반적입니다. 하지만 실제 비즈니스 현장에서 회화에서 「貴社」라고 하기도 하고 문서에서 「御社」를 쓰는 경우도 많이 볼 수 있습니다.

「弊社」와 「当社」의 차이

자신의 회사를 가리키는 단어는 「弊社」와 「当社」가 있습니다. 「弊社」, 「当社」 모두 '우리 회사'라는 의미이지만 「弊社」라는 단어에는 자신을 낮추고 상대를 높이는 의미가 있기 때문에 자신의 회사를 말할 때 「当社」보다 「弊社」를 사용하는 편이 정중한 표현이 됩니다. 특히 이메일이나 문서를 쓸 때는 「弊社」를 사용합니다.

「当社」에는 겸양의 의미는 없고 상대와 대등한 입장이라는 뉘앙스가 있습니다. 따라서 회사 입장에서 의연한 태도로 항의를 하는 경우에는 상대를 높여줄 필요가 없기 때문에 「当社」라는 말을 사용하는 편이 좋습니다. 또 같은 회사의 사원끼리 대화를 할 때도 역시 「当社」를 사용하는 편이 자연스럽습니다.

「私」, 「小生」, 「小職」의 차이

자신을 가리키는 단어로 「私」 외에 겸양어인 「小生」과 「小職」이 있습니다. 이 두 단어는 상대를 치켜 세워서 자기를 낮추기 위한 1인칭 겸양어이기 때문에 비즈니스 문서에서 「小生」이나 「小職」를 사용하면 좋다고 생각할 수 있는데 사실은 다음과 같은 차이가 있습니다.

「小生」은 남성이 사용하는 단어이고, 「小職」는 남녀 모두가 사용할 수 있지만 동시에 자신과 동등한 경우나 아랫사람에게 사용합니다. 따라서, 비즈니스 문서에서 자신을 「小生」나 「小職」로 쓰면 겸손하게 자신을 낮추고 있기는 하지만 동시에 상대방에게 자신이 위인 것을 말하고 있으므로 실례가 됩니다. 이 때문에 비즈니스 문서에서는 자신을 「私」라고 쓰는 것이 상대에게 실례가 아닙니다.

하지만 실제 비즈니스 상황에서 엄밀하게 구별되어 사용되고 있지는 않으며 사람에 따라서 적당히 해석해서 사용하고 있는 실정입니다. 만약 여러분이 비즈니스 문서에 「私」가 아닌 「小生」나 「小職」를 사용했다고 해서 상대방은 '무례한 대우를 받았다'라고 느끼지는 않을 것입니다. 따라서 이러한 단어를 잘못 사용했다고 크게 신경 쓸 필요는 없습니다.

케이스 1 협의 약속 (1)

阪西学院大学　工学部
園田新市先生

　初めまして、株式会社　サイネスの田中と申します。
本日は折り入ってお願いしたいことがございまして、折原教授からご紹介をいただき、先生にご連絡させていただいた次第です。

　弊社では、日頃から先生の、製品品質に関する理論と見識に感銘しております。
そこで、弊社が開発中の○○製品につきまして、先生に開発現場と試作品を見ていただき、ご評価をいただければと考えております。
評価時期は、９月～１１月を予定しております。

　つきましては、弊社社員が先生の研究室に出向き、ご意向をお伺いしたいと存じますが、いかがでしょうか。

　なお、面会は先生のご都合のよろしい日時に設定させていただきたいと存じます。

　ご無理を申しますが、できましたら、今月中にご予定を伺えれば幸いに存じます。

　お手数ですが本メールの返信にて、面会のご予定をご教示いただけると幸いに存じます。

　ご検討のほど、よろしくお願い申しあげます。

以上

株式会社　サイネス　営業部
田中幸次

タカラ株式会社
吉森様

いつもお世話になっております。
株式会社 テクノシステム 開発部の東山です。

昨日、お電話でご相談いただきましたシステムの不調の件につきまして、一度、技術者を連れてお伺いし、詳しくお話を伺いたいと思っております。

今月8日(水)から20日(月)までの間で、吉森様のお時間をいただける日はございますでしょうか。
お手数ですが、2〜3の候補日・時間帯を挙げていただきますと助かります。

問題が発生している業務のご担当の方のご同席もいただけましたら、たいへん幸いに存じます。

お忙しいところ恐縮ではございますが、なにとぞよろしくお願いいたします。

株式会社 テクノシステム 開発部
東山太郎

KK化学株式会社
工務部長
山迫様

みどり機械
第一設計部
生田幸一

貴社訪問の件

拝啓 貴社ますますご盛栄のこととお喜び申し上げます。

さて、XXXプロジェクトの件で、一度貴社へお伺いさせていただき、基本的な設計
仕様を一度協議させていただけないでしょうか。
弊社からはプロジェクトの担当者全員(5名)を同行させようと思っております。
つきましては、貴社のご都合の良い日時をいくつかご指示賜れないでしょうか。
ご多忙のところ、誠に恐れ入りますが、ご検討をいただければ幸甚です。

よろしくお願い申し上げます。

敬具

東京経営大学
消費者学部
今里先生

初めてメールを差し上げる失礼をご容赦ください。
私、ジャパンTKブックスの広報部に所属する、田山小百合と申します。
広報部では顧客の皆様にお配りする月刊誌を発行しておりますが、その中で『今後の
出版業界の在り方』に関して、各界の著名な先生方のご意見を伺い、特集記事にする
ことを企画しております。
つきましては、マーケティングやマスメディアご専門でいらっしゃる先生に、ぜひ
インタビューをさせていただきたいのですが、如何でしょうか。
先生のご承諾をいただけるようでしたら、先生のご都合の良い日時に、私が大学の
方へお伺いさせていただきたいと思います

インタビューの可否、またご許可を頂戴できる場合は、合わせて先生のご都合の良
い日時をご教示賜れれば幸甚です。

ご多忙のところ、お手数をお掛けしますが、何卒ご検討を賜りたく、よろしくお願
い申し上げます。

ジャパンTKブックス
広報部
田山小百合

石川機械製作所
機器製作部
西川様

お世話になります。
TCCエンジニアリングの山下でございます。
貴社に発注させていただきました抽出装置の立ち合い検査が、当初予定では、今月下旬となっております。
貴社にて、順調に製作を進めていただいていると思いますが、今月下旬の弊社の立ち合いは可能でしょうか。
もし可能でしたら、日程の調整をさせていただきたく、急ぎで申し訳ございませんが、明日中に貴社のご都合の良い日をいくつか選んでいただき、ご連絡いただければ幸甚です。
貴社のお返事を元に、小生の方で、至急、弊社関係者との日程調整をさせていただきたいと思います。

急なお願いで申し訳ございませんが、ご対応を賜りたく、よろしくお願い申し上げます。

TCCエンジニアリング
化工機設計部
山下

MISSION 6

「申し込みをする」
신청하다

01 부장님의 메모

수신자 : 동양화학공업 도쿄 본사 총무부 부장 아이다(相田)
발신자 : ABC상사 영업부 부장 김상덕

매년 우리 회사에서는 동양화학공업에 영업부 사원의 공장 견학을 부탁하고 있는데 올해도 예년과 같이 실시하고 싶다. 감사의 인사와 함께 올해 공장 견학 가능 여부와 시기를 문의한다. ABC상사에서는 영업부 사원 약 50명을 참가시키고 싶다. 또 동양화학공업에서 작년부터 가동하고 있는 새 공장도 견학이 가능한지 문의한다.

　　東洋化学工業　東京本社
　　総務部部長　相田様

① 毎年、お世話になっております。

② 去年は見学させていただき、ありがとうございました。

③ 今年も工場見学をお願い致したいのですが、よろしければ見学させていただきたいとのことです。

④ もし、可能でしたら、時期はいつがいいでしょうか。

⑤ また、弊社からは営業部員約５０人を参加させたいです。

⑥ 尚、御社で去年から稼動している新プラントに大変興味を持っておりますが、新プラントの見学もお願いできないでしょうか。

⑦ 大変、無理なことをお願いして申し訳ございませんが、何卒どうぞご検討の後、返信お願い致します。

　　ABC商事
　　営業部部長　金相徳

① 毎年、お世話になっております。

「毎年」과「お世話になっております」는 일반적으로 함께 사용하지 않습니다. 왜냐하면「お世話になっております」라는 표현은「(いつも)お世話になっております」,「(毎年)お世話になっております」라는 의미를 담고 있어서「毎年」이라는 단어가 중복되기 때문입니다. 그러므로 여기서는「お世話になっております」만으로 충분합니다.

② 去年は見学させていただき、ありがとうございました。

이 문장에는 목적어가 없습니다. 또 매년 견학을 하고 있기 때문에「去年は」라는 말이 들어가면 '작년에만 견학시켜 주었다'는 의미가 됩니다.「去年」을 사용한다면「去年も、例年通り、貴社の工場を見学させていただき、誠にありがとうございました」라고 하는 것이 좋습니다.

③ 今年も工場見学をお願い致したいのですが、よろしければ見学させていただきたいとのことです。

문장 뒷부분인 「よろしければ見学させていただきたいとのことです」를 보면 우선 주어가 없습니다. 그리고 「〜とのことです」라고 하면 '김 부장 이외의 누군가가 견학을 시켜 주면 좋겠다고 말하고 있다'는 의미가 됩니다. 또 「見学」라는 단어는 앞에서도 사용했기 때문에 중복해서 쓰지 않는 것이 좋습니다. 따라서 이 부분은 불필요하고 더욱이 상대방에게 의뢰를 해야 하기 때문에 「申し訳ございませんが、」라는 완충 표현을 넣어서 다음과 같이 수정하는 것이 좋겠습니다.

> 申し訳ございませんが、今年も工場見学を希望しております。貴社のご都合は、よろしいでしょうか。

④ もし、可能でしたら、時期はいつがいいでしょうか。

문법적으로는 문제가 없지만 정중한 느낌이 부족합니다. 아래와 같이 겸양 표현을 좀 더 추가하는 편이 좋겠습니다.

> もし、ご許可をいただけるならば、貴社のご都合のよい日時をご指示いただけると幸いです。

⑤ また、弊社からは営業部員約50人を参加させたいです。

일방적으로 이쪽의 희망을 얘기하면서 상대방에게 강요하고 있습니다. 「よろしいでしょうか」를 추가해 상대방에게 의견을 묻는 표현으로 바꾸는 것이 좋습니다.

> また、弊社からは営業部員約50人を参加させたいのですが、よろしいでしょうか。

⑥ 尚、御社で去年から稼動している新ブラントに大変興味を持っておりますが、〜新プラントの見学もお願いできないでしょうか。

이 표현도 일본인이 읽으면 '새로운 공장시설을 보여 달라!'고 강하게 요구하는 것처럼 들립니다. 그 이유는 겸양 표현을 사용하지 않았기 때문입니다. 또 「大変興味を持っています」라고 속마음을 그대로 말함으로써 상대를 넌지시 압박하고 있는 것처럼 들립니다.

비즈니스 메일과 문서에서는 속마음을 있는 그대로 쓰지 않는 편이 좋습니다.

그리고 「御社」보다는 「貴社」가 자연스럽습니다. 완충 표현과 겸양 표현, 의문형을 사용해서 다음과 같이 바꾸는 것이 좋습니다.

> 尚、ご無理を申しますが、貴社で去年から稼働している新プラントも、見学をご許可いただくことは可能でしょうか。

⑦ 大変、無理なことをお願いして申し訳ございませんが、何卒どうぞご検討の後、返信お願い致します。

정중한 표현을 사용하고 있지만 상대방에게 '무리한 요구지만 받아들여라'라고 압박하는 것처럼 들립니다. 역시 겸양 표현을 사용하지 않았기 때문입니다. 여기는 「ご検討をいただければ誠に幸いです」라고 하는 편이 좋습니다. 또한 마지막에 「今後ともよろしくお願い申し上げます」를 잊지 않고 덧붙이도록 합시다. 겸양 표현의 중요성과 겸양 표현을 사용하지 않았을 때의 뉘앙스를 알아두는 것이 중요합니다.

東洋化学工業　東京本社

総務部部長　相田様

　お世話になっております。

　去年も、例年通り、貴社の工場を見学させていただき、誠にありがとうございました。

　申し訳ございませんが、今年も工場見学を希望しております。

　貴社のご都合は、よろしいでしょうか。

　もし、ご許可をいただけるならば、貴社のご都合のよい日時をご指示いただけると幸いです。

　また、弊社からは営業部員約５０人を参加させたいのですが、よろしいでしょうか。

　尚、ご無理を申しますが、貴社で去年から稼働している新プラントも、見学をご許可いただくことは可能でしょうか。

　ご検討をいただければ誠に幸いです。

　今後ともよろしくお願い申し上げます。

ABC商事

営業部部長　金相徳

📄 완충 표현의 활용

완충 표현은 상대에게 무언가를 요구하거나 거절할 때, 상대와 다른 의견을 주장하는 경우에 사용하는 말입니다. 비즈니스 메일뿐만 아니라 비즈니스 회화에서도 많이 사용되고 있습니다. 완충 표현을 적절하게 잘 활용하면 직접적인 표현을 피하면서 부정적이거나 말하기 어려운 내용도 상대방에게 실례가 되지 않게 전달할 수 있습니다. 예를 들면, 「書いてください」라는 말보다 「お手数ですが、ご記入ください」라고 하는 것이 상대에게 불쾌감을 주지 않으면서 존중하는 마음도 전달할 수 있습니다. 또 요청을 거절하는 경우에도 「せっかくですが」, 「身に余るお言葉ですが」와 같은 감사의 말을 덧붙이면 부드러운 인상을 줄 수 있습니다. 이때 「できません」, 「やめておきます」, 「やりません」과 같이 직접적이고 단정적인 표현은 피하는 것이 좋습니다.

이처럼 말을 조금 첨가하거나 표현을 바꾸는 것으로 상대방에 대한 배려를 나타내고 커뮤니케이션이 원활하게 이루어질 수 있음을 기억해 둡시다. 단, 완충 표현을 너무 많이 사용하면 부자연스럽거나 에둘러 말하는 인상을 줄 수도 있으니 적절한 상황에서 균형 있게 사용하는 것이 좋겠지요.

① 의뢰/요구

> 예 お手数ですが、ご記入をお願いいたします。
>
> 差し支えなければ、ご連絡先を教えていただけますでしょうか。
>
> 恐れ入りますが、少々お待ちいただけますか。
>
> 大変恐縮ですが、もう一度ご確認ください。
>
> 重ね重ね恐縮ですが、もう一度お送りいただけますか。
>
> 勝手申し上げますが、本日はご都合よろしいでしょうか。
>
> 私ごとで恐縮ですが、来週休暇を頂きたいのですが。
>
> ご多忙中とは存じますが、よろしくお願いいたします。
>
> ご足労をおかけして申し訳ございませんが、お越しください。
>
> ご面倒をおかけいたしますが、ご返答をお待ちしております。

② 거절/거부

> 예 申し訳ありませんが、わかりかねます。
>
> 残念ながら、今回は見送らせていただきます。
>
> 失礼ですが/失礼とは存じますが、欠席させていただきます。
>
> せっかくですが、今回はお受けしかねます。
>
> 申し訳ございませんが、今回はいたしかねます。
>
> ありがたいお話ではございますが、ご辞退させていただきます。
>
> 身に余るお言葉ですが、今回はご遠慮させていただきます。

大変残念ですが、ご期待には沿えかねます。

大変申し訳ないのですが/大変申し上げにくいのですが、御社のご提案は今回、不採用となりました。

ご期待に添えず大変申し訳ございませんが、お断りさせていただきます。

お役に立てず大変恐縮でございますが、ご了承ください。

私どもの力不足で申し訳ございませんが、ご了承ください。

③ 반론/반대 의견

例 お言葉を返すようですが、そのご意見には賛成いたしかねます。

おっしゃることはわかりますが、こちらの意見の方が正しいのではないでしょうか。

ご意見なるほどとは思いますが、こういった考え方もあるのではないでしょうか。

確かにそのとおりでございますが、○○により賛同しかねます。

④ 보고/설명

例 おかげさまで、無事に戻りました。

ご心配かもしれませんが、ご安心ください。

お話し中、大変恐縮です、○○課長にお電話です。

大変申し訳ないのですが/大変申し上げにくいのですが、今月の目標、達成できませんでした。

誠に恐れ入りますが、よろしくお伝えください。

誠に勝手ながら、お休みさせていただきます。

あいにくですが、席を外しております。

케이스 1 공장 견학 신청

佐藤株式会社　堺工場

工場長　服部様

　平素は格別のお引き立てを賜わり、厚くお礼を申し上げます。

　金山商事　総務部の金子厚志です。

　本日は、貴社工場見学のお願いでご連絡させていただきました。

　製造部社員の研修の一環として、貴社の工場を見学させていただきたく、お願い申し上げます。

　工場見学は、以下のように計画しております。

・希望日：20XX年XX月XX日(X)〜20XX年XX月XX日(金)の間の１日

・希望時間：９：００〜１０：００

・希望工場：貴社堺工場

・人数：総勢３０名

ご承諾いただけますなら、貴社のご都合のよい日時その他について、ご提示いただければ幸いです。

お忙しいところ恐縮ですが、なにとぞご高配のほどお願い申し上げます。

株式会社　金山商事　総務部

金子厚志

20○○年 8月 ○○日

株式会社 伊藤工業
代表取締役社長 生田雄介様

株式会社 西川電気
代表取締役社長 大河原幸造

新規お取引のお願い

拝啓 残暑の候、貴社ますますご盛栄のこととお喜び申し上げます。
平素は格別のご高配を賜り、厚くお礼申し上げます。

さて、誠に突然で恐縮でございますが、弊社と新規にお取引願いたく、本状を差し上げました次第でございます。
弊社は1980年創業以来、家電の販売で関西地区を中心に20店舗を展開する販売店でございます。
このたび、先般開催されました東京家電ショーに参加の折、貴社製品「ジェット美顔器」が展示されており、その性能の良さとデザインの斬新さに感嘆いたしました。是非、弊社で「ジェット美顔器」を扱わせていただきたく考えております。
一方、弊社は健康家電製品におきまして、この5年間、全国で10位以内に位置しており、販売力は安定していると自負しております。
貴社の商品力と弊社の販売力を活かし、両社にとってメリットのあるお取引を是非ご検討いただきたく、お願い申し上げる次第でございます。
つきましては、当社の経歴、事業概要など資料一式を同封いたしましたので、ご高覧いただき、ご検討下さいませ。また、当社の信用状況は、弊社メーンバンクの関西サンクス銀行梅田支店にご照会いただければと存じます。

まずは略儀ながら書面を以てご挨拶かたがたお取引のお願いを申し上げます。

敬具

2000年 ○○月 ○○日

株式会社糸川工業
ロボット開発部
鹿島あかね様

株式会社トーカイ
事業本部　事業開拓課
小野寺

ペットロボットの注文について

拝啓　貴社ますますご盛栄のこととお喜び申し上げます。

ご送付くださった御社製品カタログを拝見いたしました。
お忙しいところありがとうございました。
さて、さっそくですが、御社の製品を注文いたしたくご通知差し上げました。
カタログの説明では、御社受注から納品までには、1週間前後の期間を要するとの
ことですが、弊社としては1日でも早い納品を希望いたします。
ご繁忙中に恐縮ですが、何とぞご配慮くださるようお願い申し上げます。
まずは取り急ぎ、下記のようにご注文のほど申し上げます。

敬具

記

1.　注文内容　　　「ペットロボットAXD12」10台
2.　連絡先　　　　弊社事業本部事業開拓課　小野寺まで
3.　電話　　　　　○○-○○○-○○○

以上

大阪産業振興機構
企画部
山路様

お世話になります。
株式会社APTカンパニーの森本と申します。
実は、大阪産業振興機構様が来月25日から30日に計画しておられます、『第21回
関西環境技術展示会』に関して、たってのお願いがございます。
同展示会の出展申込期限が今月3日までだったのですが、弊社内の手違いで申し込
みがなされていないことが分かりました。
期限を過ぎておりますが、まだブーススペースが空いておりましたら、ぜひ弊社の
出展をさせていただきたく、お願い申し上げる次第です。
尚、弊社はオゾンを使った飲料水の浄化装置のメーカーです。弊社カタログのPDF
ファイルを本メールに添付させていただきますので、ご笑覧を賜れれば幸甚です。
ご迷惑をお掛けするお願いであり、またご担当者様にはお手数をお掛けすることに
なってしまいますが、何卒ご配慮を賜りたく、よろしくお願い申し上げます。

取り急ぎ、お願いを申し上げます。

APTカンパニー
営業部
森本隆
TEL ○○-○○○-○○○

お取引様各位

拝啓 残暑の候、貴社ますますご隆盛のこととお慶び申しあげます。
平素より、弊社への材料納入・サービスのご提供に関しまして多大なるご協力をいただき、誠にありがとうございます。
さて、弊社テクノビルドサービスの営業本部より、お取引いただいております各社様に、下記のお願いを申しあげるよう通達が参りました。
日頃より多大なご協力をいただいているところに、誠に恐縮とは存じますが、ご理解いただきご協力を賜りたくお願い申しあげる次第でございます。

記

支払い期限変更のお願い

・現在の貴社とのお支払い条件の支払いサイトの30日延長
・20××年××月××日以降のお支払いについて適用

以上

昨今の、石油関連商品の大幅なコスト上昇と、競争激化がおもな背景となっておりまして、売掛け回収でのバランス等を鑑みた結果のお願いでございます。
末筆ながら、さらなる御社のご発展をお祈り申しあげる次第でございます。

敬具

20××年 ××月 ××日
㈱テクノビルドサービス
大阪支社 購買課
安積祐一

MISSION 7

「依頼をする」
의뢰하다

부장님의 메모

수신자 : 도쿄경제대학 경제학부 교수 사나다 가오리(真田かおり)
발신자 : ABC상사 영업부 부장 김상덕

ABC상사에서는 매년 사원 교육의 일환으로 저명한 대학 교수에게 강연을 의뢰하고 있다. 올해는 「한일무역의 장래 전망」에 대해 사나다 교수에게 강연을 의뢰하고 싶다. 수락 여부와 가능한 경우 교수님이 희망하는 일정을 알고 싶다. ABC상사가 희망하는 날짜는 10월 5일 또는 7일이고, 장소는 서울 본사를 생각하고 있다. 또한, 강연은 영어, 일본어 모두 가능하며 일본어인 경우에는 통역을 붙일 예정이다. 프레젠테이션 자료는 ABC상사에서 한국어로 번역해서 참가자에게 배부하려고 하는데 그렇게 해도 좋은지도 문의한다.

東京経済大学

① 経済学部教授　真田かおり様

② 拝啓　初秋の候、ますますご清栄のこととお喜び申し上げます。

　　ABC商事の金相徳と申します。

③ さて、弊社では 毎年社員啓蒙として、講演を行っています。

④ 今回の講演は真田教授に「韓日貿易の将来展望」についてお願いできないでしょうか。

⑤ もし、受諾いただけるか否か、ＯＫの場合は教授の都合の良い日時を知らせていただけませんか。

⑥ 受諾をいただける場合、弊社での希望は10月５日か７日、場所はソウル本社を考えております。

⑦ 尚、講演は英語でも日本語でも可能です。例え、日本語の場合は通訳をつけていただけます。

⑧ プレゼン資料は、弊社で韓国語に翻訳して参加者に配布の希望ですが、配布してもよろしいでしょうか。

⑨ 慎重に考えた後、ご連絡お願い申し上げます。

　　敬具

① 経済学部教授　真田かおり様

학교 선생님을 부를 때는 일반적으로 「先生」를 사용합니다. 보통 경칭(존칭어)하면 「様」를 떠올리지만 「先生」에는 존경의 의미가 포함되어 있기 때문에 그 자체로 정중한 표현이라고 할 수 있습니다. 일본에서는 초·중·고 교사를 비롯해 대학 교수에 대해서도 「先生」라고 부르는 경우가 많습니다.

또 일본에서는 대학 교수를 「教授様」라고 하지 않는데 「教授」 역시 이미 존경의 의미를 포함하고 있어 「教授様」라고 하면 이중 존칭이 되기 때문입니다. 따라서 여기서는 「経済学部　真田かおり先生」라고 하는 것이 적절합니다.

② 拝啓 初秋の候、ますますご清栄のこととお喜び申し上げます。

조금 더 존경의 뜻을 나타내기 위해서는 「先生におかれましては、」를 추가해서 「拝啓 初秋の候、先生におかれましては、ますますご清栄のこととお喜び申し上げます」라고 표현하는 방법도 있습니다.

③ さて、弊社では 毎年社員啓蒙として、講演を行っています。

이 부분은 용건만 서술되어 있고 사나다 선생님에 대한 존경 표현이 전혀 없습니다. 이 메일은 강연을 부탁하는 내용이기 때문에 이러한 표현이 없으면 실례가 됩니다. 「各界の著名な先生に」와 같이 사나다 선생님에 대한 존경을 나타내는 것이 좋겠습니다.

> さっそくですが、弊社では 毎年社員啓蒙として、各界の著名な先生においでいただき、講演会を開催しております。

④ 今回の講演は真田教授に「韓日貿易の将来展望」についてお願いできないでしょうか。

의뢰 문서 작성에서는 겸양 표현이 매우 중요한데 이 문장에는 겸양 표현이 없고 일방적으로 의뢰를 하면서 마치 사나다 선생님에게 명령을 하는 듯한 느낌이 듭니다.

겸양 표현 외에도 일본어로 의뢰 문서를 작성할 때에 중요한 것이 있는데, 바로 상대가 'Yes'인지 'No'인지 선택할 수 있게 하는 표현입니다. 의뢰 문서 작성은 자칫하면 명령조가 될 수 있으므로 상대방에게 선택권을 주는 표현을 사용하여 부드러운 뉘앙스를 나타내도록 하는 것이 중요합니다. 사나다 선생님에게 강연을 수락할지를 먼저 묻고 그 다음에 강연 제목에 대해 의논해야 합니다.

강연을 수락할지를 묻는 법으로는 다음과 같은 표현이 좋습니다.

> 弊社としましては、今年度は、韓日の経済論分野での第一人者でいらっしゃる真田先生に、ぜひご講演をお願いしたいと希望しております。
> ご多忙とは存じますが、なにとぞご承諾をいただけないでしょうか。もし、先生のようなご高名な方にご講演をご承諾いただけるならば、弊社としてもこの上ない名誉でございます。

이와 같이 사나다 선생님을 칭송함과 동시에 사나다 선생님이 강연을 거절하더라도 부담이 없도록 의문형을 사용하여 의뢰하는 것이 요령입니다. 'No'라고 말할 수 있는 여지를 남김으로써 상대방의 입장에서는 매우 부드러운 의뢰 표현으로 받아들이게 됩니다. 그리고 겸양 표현을 덧붙이면 훨씬 더 정중한 의뢰 표현이 됩니다.

> ご講演の演題につきましては、先生のご意向に従いたいと考えております
> が、弊社としましては今後日本との取引を最重要課題と考えており、もし先
> 生がよろしければ、「韓日貿易の将来展望」といったタイトルで、今後の韓日
> 貿易の在り方をご指導いただきますと、大変ありがたく存じます。

강연 제목을 어떻게 할 지에 대해서는 먼저 선생님에게 맡김으로써 사나다 선생님이 우선적으로 결정할 수 있도록 하고 ABC상사의 희망을 '만일 괜찮으시다면'이라고 정중하게 표현하고 있습니다. 한편, 일본인 선생님에게 보내는 의뢰 문서이기 때문에 「韓日貿易」를 「日韓貿易」이라고 하는 것도 좋습니다.

⑤ もし、受諾いただけるか否か、ＯＫの場合は教授の都合の良い日時を知らせていただけませんか。

이 문장은 「いただけませんか」라는 겸양 표현을 사용하고 있지만 미화어가 쓰이지 않아 명령조로 들립니다. 미화어를 사용하지 않으면 겸양 표현도 정중함이 사라진다는 것을 기억해 둡시다. 또 「もし、受諾いただけるか否か、ＯＫの場合は」에서 「OK」라는 표현은 비즈니스에서는 실례되는 표현이므로 「もし、ご講演をご承諾いただける場合は」라고 하는 것이 좋습니다. 그리고 문장 끝의 「知らせていただけませんか」가 겸양 표현이기는 하지만 의뢰 문서에서는 조금 더 정중한 표현을 사용해서 「先生のご都合の良い日時をお知らせていただければ幸甚です」라고 하는 것이 좋습니다. 문장 첫머리의 「もし」는 없어도 상관없습니다. 선생님으로부터 강연 희망 일시에 대한 연락이 있으면 승낙임을 알 수 있기 때문입니다.

> ご講演をご承諾いただける場合は、先生のご都合の良い日時をお知らせいた
> だければ幸甚です。

⑥ 受諾をいただける場合、弊社での希望は１０月５日か７日、場所はソウル本社を考えております。

앞 문장에서 「ご受諾をいただける場合」라는 표현이 이미 나왔기 때문에 여기서는 생략하는 것이 좋습니다. 그리고 강연 일정을 이쪽의 희망대로 '10월 5일이나 7일에 맞춰라!'라고 강요하는 말처럼 들립니다. 여기는 어디까지나 선생님의 일정이 최우선임을 전할 필요가 있습니다.

> 尚、日程ですが、弊社としては10月5日か7日を希望しておりますが、あくまで先生のご都合を優先させて、決めさせていただきたいと思います。場所は弊社ソウル本社を予定しております。

⑦ 尚、講演は英語でも日本語でも可能です。例え、日本語の場合は通訳をつけていただけます。

이 문장은 조금 더 정중하면 좋을 것 같습니다.「通訳を準備する」라는 표현은 통역사를 물건 취급하는 것처럼 느껴질 수 있지만 만약 통역사를 외주로 고용한다면 ABC상사 측의 소속이 되기 때문에 겸양 표현으로 사용하고 있습니다.

> また、ご講演は英語でも日本語でも結構でございます。日本語の場合は弊社で通訳を準備させていただきます。

⑧ プレゼン資料は、弊社で韓国語に翻訳して参加者に配布の希望ですが、配布してもよろしいでしょうか。

이 문장은 좀 더 완충 표현을 넣어서 선생님의 희망을 묻는 표현으로 하는 것이 좋겠습니다. 다음과 같은 문장으로 수정하는 것이 적절합니다.

> 実はお願いがあるのですが、もし可能でしたら、先生が当日ご講演される資料を、韓国語に翻訳させていただき、弊社の聴講者に事前に配布させていただきたいのですが、問題はございませんでしょうか。
> もし、問題がある場合は、配布を中止いたしますので、その旨、ご指示を頂戴出来れば幸甚です。

⑨ 慎重に考えた後、ご連絡お願い申し上げます。

이 문장은 마치 선생님을 협박하는 것처럼 들립니다.「慎重に考えた後、」라고 하면 '신중하게 답하지 않으면 당신에게 큰일이 생깁니다!' 또는 '말하는 대로 하지 않으면 큰일 나!'라고 협박하는 말로 들립니다. 따라서 이 표현을 삭제하고 다음과 같이 수정하는 것이 좋습니다.

> 先生にはご無理をお願いいたしますが、よろしくお願い申し上げます。

20XX年 XX月 XX日

東京経済大学 経済学部
真田かおり先生

ABC商事 営業部長
金相徳

拝啓　初秋の候、先生におかれましては、ますますご清栄のこととお喜び申し上げます。

さっそくですが、弊社では毎年社員啓蒙として、各界の著名な先生においでいただき、講演会を開催しております。

弊社としましては、今年度は、韓日の経済論分野での第一人者でいらっしゃる真田先生に、ぜひご講演をお願いしたいと希望しております。

ご多忙とは存じますが、何卒ご承諾をいただけないでしょうか。もし、先生のようなご高名な方にご講演をご承諾いただけるならば、弊社としてもこの上ない名誉でございます。

ご講演の演題につきましては、先生のご意向に従いたいと考えておりますが、弊社としましては今後日本との取引を最重要課題と考えており、もし先生がよろしければ、「韓日貿易の将来展望」といったタイトルで、今後の韓日貿易の在り方をご指導いただきますと、大変ありがたく存じます。ご講演をご承諾いただける場合は、先生のご都合の良い日時をお知らせいただければ幸甚です。

尚、日程ですが、弊社としては10月5日か7日を希望しておりますが、あくまで先生のご都合を優先させて、決めさせていただきたいと思います。場所は弊社ソウル本社を予定しております。

また、ご講演は英語でも日本語でも結構でございます。日本語の場合は弊社で通訳を準備させていただきます。

実はお願いがあるのですが、もし可能でしたら、先生が当日ご講演される資料を、韓国語に翻訳させていただき、弊社の聴講者に事前に配布させていただきたいのですが、問題はございませんでしょうか。

もし、問題がある場合は、配布を中止いたしますので、その旨、ご指示を頂戴出来れば幸甚です。

先生にはご無理をお願いいたしますが、よろしくお願い申し上げます。

敬具

의뢰 메일 작성의 포인트

〈새내기의 일본어 작문〉과 완성된 비즈니스 메일을 비교해 보세요. 문장이 상당히 길어졌네요. 의뢰 메일은 그만큼 많은 단어와 문장이 필요하다는 뜻입니다. 그럼 의뢰 메일의 포인트를 정리해 보겠습니다.

① 상대방을 칭송하는 문장과 단어를 넣습니다.

부탁을 하는 입장이므로 상대방을 칭송하는 문장과 단어를 넣는 것은 필수입니다. 그러나 너무 많이 사용하면 오히려 상대방의 기분을 상하게 할 수도 있기 때문에 적당히 사용해야 합니다.

② 상대방이 'No'라고 말할 수 있는 표현으로 의뢰합니다.

상대방에게 'Yes'인지 'No'인지를 선택할 수 있는 여지를 주지 않으면 이쪽에서 일방적으로 강요하고 명령하는 듯한 뉘앙스가 됩니다. 따라서 반드시 상대방이 'No'라고 말할 수 있는 표현으로 의뢰를 하는 것이 중요합니다.

③ 상대방의 의향을 최우선으로 하는 표현을 사용합니다.

일정이나 장소 등에 대해 이쪽에서 희망하는 내용을 전달하는 것만으로는 상대방에게 대답을 강요하고 명령을 하는 듯한 뉘앙스가 됩니다. 따라서 처음에는 상대의 의향과 희망을 묻고 그에 적극적으로 맞추겠다는 표현을 사용해야 합니다.

가령 의뢰하는 쪽의 일정이 이미 결정되어 있고 실제로는 그 일정에 맞출 수밖에 없는 경우라도 우선은 상대방의 희망을 물어보아야 합니다. 그러고 나서 다시 일정 조정을 하는 것이 일반적인 의뢰 방법입니다. 그 결과 아무리 해도 일정이 맞지 않을 경우에는 정중하게 거절하고 다른 상대를 찾을 수밖에 없습니다. 다만 이전에 몇 번 부탁을 했었거나 상대방과 친분이 있어 서로 잘 알고 있는 경우라면 의뢰하는 쪽의 희망사항을 알리고 의향을 물어도 실례는 아닙니다.

④ 겸양 표현을 많이 사용합니다.

상대에게 부탁을 하는 입장이기 때문에 의뢰하는 쪽을 상대보다 낮추는 겸양 표현을 많이 사용하는 것이 중요합니다. 또한, 「通訳を準備します」와 같은 일본어의 독특한 겸양 표현을 사용하는 데에도 주의를 기울이는 것이 중요합니다.

⑤ 미화어를 반드시 활용합니다.

겸양 표현을 사용해도 미화어가 적당히 사용되지 않으면 일본인은 정중한 표현이라고 느끼지 않습니다. 미화어는 일본어의 독특한 정중 표현으로 중요한 부분이니 잘 기억해두기 바랍니다.

２ 「〜てもらう」와「〜てくれる」

예 ① この本を借りたいです。

② この本を貸してください。

③ この本を貸してくれますか。

④ この本を貸してもらえますか。

⑤ この本を貸していただけますか。

⑥ この本を貸していただけないでしょうか。

⑦ 先生、この本を貸してくださいますか。

⑧ 先生、この本を貸してくださいませんか。

「〜てもらう」와「〜てくれる」는 의뢰 표현으로 자주 사용됩니다. ①~⑥은 모두 다 주어가「本を借りたい」라고 생각한다는 점에서는 동일합니다. 그러나 ①의「〜たいです」는 그저 자신의 요구를 전달하고 있고, ②의「〜てください」는 직접적으로 의뢰하고 있습니다. ③은「〜てくれますか」라는 질문 형태로 상대방의 의향을 묻고 있기 때문에 ①이나 ②보다 더 정중한 의뢰 표현입니다. ④의「〜てもらえますか」는 자신의 요구를 전달하는 동시에 질문의 형태로 상대의 의향을 묻고 있습니다.「〜てもらう」를「〜てもらえる」라는 가능의 형태로 바꾸어 의뢰를 나타낸다는 점에 주의하기 바랍니다. ③과 예 ④는 책을 빌려줄지 말지의 판단을 상대방에게 맡기고 있기 때문에 정중한 의뢰가 됩니다.

한편,「もらう」의 겸양어인「いただく」를 사용하면 보다 더 정중한 표현이 됩니다. ⑤는「〜ていただけますか」를 사용하고 있기 때문에 더욱 정중한 표현입니다. ⑥은「〜ていただけないでしょうか」라는 의문형으로 상대의 의향을 묻고 있기 때문에 좀 더 정중한 표현이 됩니다.

⑤의「〜ていただけますか」, ⑥의「〜ていただけないでしょうか」, ⑦의「〜てくださいますか」는 다른 사람에게 무언가를 의뢰할 때의 정중한 표현으로 자주 사용됩니다. 특히, 손윗사람에게 부탁할 때는「〜たいです」나「〜てください」는 실례되는 표현이기 때문에「〜てくださいますか」,「〜てくださいませんか」,「〜ていただけますか」,「〜ていただけないでしょうか」를 사용합니다.

그리고「〜てくださいますか」,「〜ていただけますか」는 긍정 의문형입니다. 이에 비해「〜てくださいませんか」,「〜ていただけませんか」는 부정 의문형이지만 부정의 의미를 포함하고 있는 것은 아닙니다. 긍정 의문형보다 부정 의문형을 사용하는 편이 보다 정중한 표현이라고 할 수 있습니다. 그러나 실제 회화에서는 거의 같은 의미로 사용되고 있기 때문에 어느 쪽을 사용해도 큰 차이는 없습니다.

케이스 1 강연 의뢰

大阪秀麗大学
中村裕子先生

　はじめまして。
　株式会社　石川商事　営業部の春山陽一と申します。
　突然のメール、失礼いたします。
　さて、このたびは弊社主催の研修セミナーにて、中村先生にぜひご講演をお願いいたしたく、ご連絡させていただきました。
　現代の国際事情を読み解き、ベストセラーになっているご著書『これからの東アジア情勢』は社内でも話題の1冊になっております。
　先生のお話は、わが社の社員にとって貴重なものになると確信しております。

　ご多用中のところ誠に恐縮ですが、下記のようなテーマおよび条件にてご講演をお願いできればと考えております。

記

テーマ　　　：「東アジアでのビジネス展開」
日時　　　　：20○○年12月1日午後6時～8時
会場　　　　：当社2階大ホール
参加者　　　：当社社員約550名
謝礼　　　　：80万円(交通費別途)

以上

　なお、ご都合をお伺いするために、週明けにこちらからお電話させていただきます。
　ご検討のほど、なにとぞよろしくお願い申し上げます。

株式会社　石川商事　営業部
春山陽一

ダイコウ株式会社　販売部
仙道昭雄様

　平素は格別のお引き立てを賜わり、厚くお礼を申し上げます。
　JK商事　総務部の秋川小百合です。

　さて、○○月○○日付で貴社に納品致しました弊社製品に、一部不良個所が発生していたとのご連絡を頂きました。
　大変ご迷惑をお掛け致しましたこと、心よりお詫び申し上げます。

　つきましては、大至急、代替品を発送致しましたので、ご検収のほどよろしくお願い申し上げます。

　また、不良品につきましては、お手数で恐縮ではございますが、運賃着払いにてご返送くださいますようお願い申し上げます。

　現在、早急に不良品の原因調査をしておりますので、結果がわかり次第すぐにご報告に参ります。

　今後、二度とこのようなことのないよう製品の点検を一段と強化してまいりますので、このたびの件は、なにとぞご容赦賜りますよう、重ねてお願い申し上げます。

　取り急ぎお願いのご連絡を差し上げます。

株式会社　JK商事　総務部
秋川小百合

2○○○年 ○○月 ○○日

大阪ロジック株式会社
営業部長　西野晶子様

株式会社　ヤマコウ
販売部長　河野由紀子

見積もり書送付のお願い

拝啓　時下ますますご繁栄のこととお慶び申し上げます。

さて、2○○○年○○月○○日付で見本をご送付いただきました「電動歯ブラシミガ
ーク」につきまして、ぜひお取引いたしたく存じます。

つきましては、下記の条件によるお見積もりをご送付くださいますようお願い申し
上げます。

はなはだ勝手ながら、○○月○○日までにお送りいただけますと幸いです。

ご多忙中、まことに恐縮ですが、ご高配のほどよろしくお願い申し上げます。

敬具

記

一、製品名　　：「電動歯ブラシミガーク」

一、数量　　　：１０台

一、納期　　　：2○○○年 ○○月 ○○日まで

一、納品場所：弊社札幌支店

一、納品方法：貴社ご指定

一、支払方法：翌月末銀行振込

以上

住田物産業株式会社
営業部
仙道昭雄様

いつもお世話になっております。
日本アルケミ商事の山西淳一です。

弊社20○○年度カタログのサンプルが本日仕上がりました。

明日、3月10日(月)の午前中着のシクロマ宅配便で仙道様に送付しております。
伝票番号は123-4567-890です。

尚、こちらのアドレスから配送状況を確認いただけます。
http://www.takuhai.co.jp/123456890/

お手数ですが、ご受領をいただけましたら、ご確認の上、3月12日(水)午後4時までに不備な点をお知らせいただけますでしょうか。

メールまたはファックスにてご一報いただけると幸いです。

14日(金)には、印刷所にて校正をする予定となっておりますため、ご確認期間が短くなってしまい、申し訳ありません。

お忙しいところ恐縮ですが、どうぞよろしくお願いいたします。

株式会社 日本アルケミ商事
営業部 山西淳一

サンカイ機械株式会社
営業部
真田昭雄様

　大変お世話になっております。
　JSK商事　営業部の南田真美です。

　真田様のお蔭で、弊社の事業も順調に展開しており、心よりお礼申し上げます。

　さて、いよいよ弊社も中国に事務所を開設することになりました。

　中国にて弊社の製品を流通ルートに乗せるのは容易なことではないと存じますが、将来を見据えて進出を決定しました。
　そこで、中国のマーケットに精通した方の正社員としての採用を考えております。

　つきましては、真田様の幅広いご人脈の中から、適任の方を、ぜひご紹介いただけませんでしょうか。
　条件といたしましては、実際に中国でのマーケティングに5年以上携わった方をお迎えしたいと存じます。

　弊社の業務方針についてよくご存じの真田様からご紹介いただければと願っております。

　ご多忙のところこのようなお願いで大変恐縮ではございますが、よろしくお願いいたします。

JSK商事　営業部
南田真美

MISSION 8

「交渉をする」
교섭하다

부장님의 메모

수신자 : 이시다(石田)제작소 도쿄 본사 화학기계영업부
　　　　 부장 야마다(山田)
발신자 : ABC상사 영업부 부장 김상덕

당사에서 발주한 펌프(모델명 BXW-40-60X형) 15대가 입하되었는데
그 가운데 3대의 축봉(軸封, shaft seal) 부분에 손상이 발견되었다. 포
장을 제대로 하지 않아 생긴 결함으로 예상되는데 조속히 이시다제작
소의 담당자가 와서 확인해주기 바란다. 또한 이시다제작소에서 보장
하고 있는 것처럼 무상으로 신속하게 수리해주기를 바란다.

石田製作所　東京本社
化学機械営業部部長
山田様

いつもお世話になっております。

ABC商事の金相徳でございます。

① 早速ですが、貴社から発注していただいたポンプ(型式：BXW-40-60X型)15台
が入荷になりました。

② ありがとうございました。

③ しかし、残念ですが、内3台の軸封部に傷がありましたので、担当者に確認して
いただけませんか。

④ 多分、梱包の不備によるものと予想されますが、よろしくお願い致します。

⑤ また、貴社の保障にて、至急修理が可能でしょうか。そうすると、修理費は貴社
で負うことになると存じます。

ご検討の後、ご返答をお願い致します。

よろしくお願い申し上げます。

ABC商事
金相徳

① **早速ですが、貴社から発注していただいたポンプ(型式BXW-40-60X型)15台が
入荷になりました。**

교섭 메일은 의뢰 메일과 달리 용건을 단도직입적이고 간결하게 표현할 필요가 있습니다.
그런 의미에서 「早速ですが、」는 매우 좋은 표현 방법입니다.
다음으로 「貴社から発注していただいたポンプ(型式BXW-40-60X型) 15台が入荷
になりました」에서, ABC상사가 이시다제작소에 펌프를 발주한 것이기 때문에 「貴社か
ら発注していただいた」는 정반대의 의미가 됩니다. 여기는 「貴社へ発注いたしまし
た」 또는 「貴社へ発注しました」라고 해야 합니다.

그리고 「入荷になりました」를 글자 그대로 해석하면 「入荷」라는 상태가 되었다는 의미인데 엄밀히 말해서 「入荷」는 상태를 나타내는 명사가 아니기 때문에 이 표현은 문법적으로 맞지 않습니다. 따라서 여기는 「入荷しました」라고 하면 됩니다.

> 早速ですが、貴社へ発注いたしましたポンプ(型式：BXW-40-60X型)15台が
> 入荷しました。

② ありがとうございました。

교섭 문서이기 때문에 「ありがとうございました」라는 말은 필요 없습니다.

③ しかし、残念ですが、内3台の軸封部に傷がありましたので、担当者に確認していただけませんか。

교섭 문서는 간결함이 중요합니다. 때문에 「残念ですが」라는 완충 표현은 필요 없습니다. 그리고 「確認していただけませんか」라고 의뢰 표현을 사용했는데, 여기는 의뢰가 아니라 '확인해 주세요'라고 지시 또는 명령을 해야 하므로 「ご確認をお願いします」라고 분명하게 말하는 것이 좋습니다.

또 「傷があった」라는 문장과 「確認してください」라는 문장을 복문으로 연결했는데, 각각 중요한 문장이고 상대에게 명확하게 전달할 필요가 있기 때문에 여기서는 복문이 아니라 두 개의 문장으로 나누는 편이 좋습니다.

또한 아무리 교섭 문서라고 하더라도 「担当者」에게 경칭을 붙이지 않으면 상대방에게 실례가 됩니다. 교섭 문서에서도 정중함은 필요하기 때문에 미화어를 사용해 「ご担当者」라고 하는 것이 좋습니다.

> しかし、内3台の軸封部に傷がありました。
> 至急、ご担当者に弊社までお越しいただき、ご確認をお願いします。

④ 多分、梱包の不備によるものと予想されますが、よろしくお願い致します。

손상의 원인은 상대방이 조사하여 ABC상사에 보고 해야 할 사항입니다. 이와 같은 교섭 문서에서는 손상의 원인 등과 같이 상대방의 보고사항에 관해서는 추측을 삼가야 합니다. 따라서 이 문장은 불필요합니다.

⑤ また、貴社の保障にて、至急修理が可能でしょうか。〜 ご検討の後、ご返答をお願い致します。

이 부분은 상대방의 보장사항이기 때문에「可能でしょうか」와 같이 질문 형태로 해서는 안 됩니다. 명확하게 이쪽의 의사를 전달해야 하며,「ご検討の後、ご返答をお願い致します。」는 불필요한 문장이니 삭제하는 것이 좋습니다.

尚、本件は、貴社の保証にて、ご対応をお願いしたいと存じます。

---

04 비즈니스 메일의 완성

石田製作所　東京本社
化学機械営業部部長
山田様

　いつもお世話になっております。
　ABC商事の金相徳でございます。
　早速ですが、貴社へ発注いたしましたポンプ(型式：BXW-40-60X型) 15台が入荷しました。
　しかし、内3台の軸封部に傷がありました。
　至急、ご担当者に弊社までお越しいただき、ご確認をお願いします。
　尚、本件は、貴社の保証にて、ご対応をお願いしたいと存じます。

　よろしくお願い申し上げます。

ABC商事
金相徳

니시다 씨의 One Point Lesson

교섭 메일 작성의 포인트

① 신속하게 용건으로 들어갑니다.

「早速ですが、」라고 용건으로 바로 들어가는 방법은 매우 좋습니다. 이 외에 「取り急ぎご報告いたしますが」, 「急ぎの用件です」라는 표현을 사용해도 좋습니다.

② 내용은 간결하게 씁니다.

완충 표현을 완전히 배제하는 것은 적절하지 않지만 생략할 것은 적극적으로 생략하여 문장 전체를 간결하게 쓰는 것이 좋습니다. 또, 복문으로 쓰면 중요도가 분산되기 때문에 중요한 사항은 단문으로 명확하게 쓰는 것이 좋습니다.

③ 지시사항이나 확인사항은 분명히 씁니다.

의문형으로 정중하게 표현하기 보다는 「〜してください」라는 표현을 사용해 상대방에게 지시사항이나 확인사항을 명확하게 전달하는 것이 중요합니다.

④ 추측은 쓰지 않는 것이 좋습니다.

특히 비용에 관한 문제나 상대방이 확인하고 보고해야 하는 내용에 대해서 절대로 이쪽의 추측을 써서는 안 됩니다. 앞에서 「多分、梱包の不備によるものと予想されますが」라고 표현함으로써 상대방은 ABC상사의 판단을 바탕으로 하여 의도적으로 포장 회사에 책임을 전가할 수도 있습니다. 자칫하면 실제로는 다른 중대한 원인이 있어도 상대방이 사실을 왜곡해 다른 내용을 원인으로 보고할 가능성도 있으므로 주의해야 합니다.

⑤ 정중한 표현으로 배려해야 합니다.

교섭이라도 해도 회사와 회사간의 거래이기 때문에 예의를 지켜야 합니다. 정중한 표현으로 상대방을 배려해야 하며 특히 미화어는 반드시 필요합니다. 단, 정중한 표현을 필요 이상으로 사용하면 상대 회사에 가볍게 보일 가능성도 있기 때문에 지나치지 않도록 주의해야 합니다.

제품 가격 인상 교섭

20○○年 ○○月 ○○日

株式会社　あけぼのテック
購買部
勝野幸次様

株式会社　八尾自動機
営業部
山中玲子

製品値上げについて

拝啓　貴社いよいよご清栄のこととお慶び申し上げます。

日頃は格別のご愛顧を賜りまして、誠にありがとうございます。

さて、早速ですが、ここ数年来にわたる原材料の高騰と競合他社の市場進出に伴い製品X10型自動弁の値上げを余儀なくされる状況になりました。

発売当初から低価格で販売してまいりましたのも一因になっております。

つきましては、○月○日をもちまして、下記のように貴社への販売価格を1台当たり12,000円値上げいたしたくお願い申し上げます。

当社計測機器製品につきましては、最近の円安に伴う輸入部品等の高騰によるコストアップは著しく、今日まで何とか企業努力によって吸収し、製品値上げを避けてきました。

しかし、それもついに限界に達しましたので、不本意ながら来る○月のお取引分から、値上げさせていただくことになりました。

つきましては、誠に申し訳なく存じますが、諸般の事情ご賢察のうえ、何卒ご了承賜りますよう、切にお願い申し上げます。

まずは取りあえず文書をもってお願い申し上げます。

敬具

記

1. 値上げ期日　　　20XX年XX月XX日
2. 旧価格　　　　　50,000円/1台
3. 新価格　　　　　62,000円/1台

以上

2000年 ○○月 ○○日

株式会社九州産業
第二機器事業部
石本純一様

株式会社 モータース
営業部
北川紀子

仕入価格値下げのお願い

拝啓　貴社ますますご隆盛のこととお喜び申し上げます。

さて、すでにご高承のことと存じますが、当業界の販売競争はますます熾烈をきわめ、乱売合戦の様相を呈してきました。

このような状況下で、貴社とご連絡をとりながら、死力を尽くして戦ってまいりましたが、どうやら限界にきました。

つきましては、現況ご覧察のうえ、一律10％値下げしていただきたく、至急ご検討をお願いする次第であります。

大変厚かましいお願いではございますが、何とぞ事情をご理解いただき、お力添えを賜りたくお願い申し上げます。

敬具

担当 営業部 喜田隆史

東京テクノス株式会社　営業部
斉藤隆様

　いつもご利用いただき、ありがとうございます。
　株式会社　日本ＫＴ商事　販売部の大谷真美子です。

　10月1日に注文いたしました「液晶テレビ(KP－1250)」が本日着荷いたしました。

　さっそく荷物を確認いたしましたところ、商品の一部に破損がみられることが判明
いたしました。
　破損がみられるのは、商品のうちの3個で、いずれも上部にひびが入っています。
　この状態では残念ながら販売することは不可能で、弊社ではこのまま購入するわけ
にはまいりません。
　商品がそろわなければ、お客様へご迷惑をおかけすることになってしまい、大変困
惑しております。

　つきましては、早急に代替品の送付をお願いいたします。

　尚、本件につきましては、貴社の保証事項に該当すると存じますので、無償による
ご対応をご賢察いただきたく、よろしくお願い申し上げます。

　また、当該商品は、こちらにお預かりしておりますので、善処法をお知らせください。

　メールにて恐縮ですが、とり急ぎご連絡まで。

株式会社　日本ＫＴ商事
販売部部長　大谷真美子

20XX年 XX月 XX日

株式会社 バーディゴルフ
仕入部長 本宮金太郎様

株式会社 パーゴルフ
営業部長 橋本純一郎

取引条件緩和のお願い

拝復 貴社ますますご隆盛のことと存じます。

さて、先般ご照会申し上げました貴社製品「どこまで飛ぶんだアイアン」の取引条件につきましては、さっそくに××月××日付け文書番号00232号にてご回答をいただき、誠にありがとうございました。

当社といたしましては、ぜひとも貴社製品を扱わせていただきたく存じますが、下記の点で若干のご配慮を賜ればとお願い申し上げる次第でございます。

なにとぞご検討のうえ、よろしくご返答のほどを お願い申し上げます。

敬具

記

1. 支払い条件
   約束手形決済を90日後から120日後へ変更

以上

東京食品株式会社　販売部
石塚康弘様

　いつも大変お世話になっております。
　株式会社　西田商事　営業部の山田太郎です。

　さて、本日は注文品の変更をお願いいたしたく、メールさせていただきました。
　誠に申し訳ございませんが、１０月１日御社ご注文書No.１２３４で承りました「スーパークリアビール」は、すでに生産が打ち切られ、在庫もすべて売り切れてしまいました。
　本来であれば、生産打ち切りのご連絡をすべきところ、連絡が遅れてしまい、申し訳ありませんでした。
　せっかくご注文いただきましたのに、ご希望に添うことができず、恐縮しております。
　代替品といたしましては、価格および味わいにおいて、ほぼ同等の新商品「あとあじすっきりビール」がございます。
　こちらでよろしければすぐに発送可能ですが、いかがでしょうか。
　本日、カタログを速達にて送らせていただきましたので、ご検討のほど、よろしくお願い申し上げます。

株式会 社西田商事　営業部
山田太郎
TEL：○○○-○○○-○○○○(直通)　○○○-○○○-○○○○ (代表)
FAX：□□□-□□□-□□□□

MISSION 9

「問い合わせを行う」
문의하다

01 부장님의 메모

수신자 : 이시야마(石山)제작소
발신자 : ABC상사 영업부 부장 김상덕

이시야마제작소의 점성이 높은 액체에 대응 가능한 신형 교반기(攪拌機)에 대하여 문의할 내용이 있다. 적용 점도 범위, 적용 온도 범위, 교반 형식, 어느 정도까지 대형 제작이 가능한지, 다른 회사 제품과 비교해서 유리한 점은 무엇인지 등에 대해서 신속하게 답변을 듣고 싶다. 또 상품 목록과 기술 자료도 받아보고 싶다. 이시야마제작소의 담당부서와 담당자를 알지 못하니 웹사이트에 나와 있는 회사 대표메일로 보내기 바란다.

① 石山製作所の各位様

拝啓　貴社ますますご盛栄のこととお喜び申し上げます。

ABC商事の金相徳と申します。

② ウェブサイトにある貴社のメールアドレスを拝見し、メールをお送り致します。

③ さて、お手数を掛けると存じますが、お願いが二つございます。

④ １．下記の至急回答

貴社の高粘度液対応の新型攪拌機について至急知りたいです。

適用粘度範囲、適用温度範囲、攪拌の機構、どの程度まで大型機の作成が可能

か、他社品と比較して有利な点は何があるのかについて興味を持っております。

⑤ ２．カタログと技術資料の送付

新型攪拌機のカタログと技術資料を送付していただけませんか。

⑥ いきなりのことと、申し訳ございませんが、お願いできるでしょうか。

⑦ では、よろしくお願い申し上げます。

敬具

03 니시다 씨의 해설

① **石山製作所の各位様**

개인이 아닌 단체, 회사 등으로 메일을 보내는 경우에는 「御中」를 사용합니다. 따라서 「石山製作所御中」라고 하는 것이 좋습니다. 「御中」 대신 「石山製作所　ご担当者様」라고 해도 좋습니다.

② **ウェブサイトにある貴社のメールアドレスを拝見し、メールをお送り致します。**

이 문장에 큰 문제는 없지만 다음과 같은 표현도 기억해 둡시다.

> 貴社に至急ご教示を賜りたい件があるのですが、ご担当部署が分かりませんので、取り急ぎ貴社ウェブサイトのメールアドレスへご連絡させていただいた次第です。

③ さて、お手数を掛けると存じますが、お願いが二つございます。

제조 회사에 문의하는 것이기 때문에 다음과 같이 조금 더 단도직입적으로 용건을 언급해도 좋습니다.

> 恐れ入りますが、貴社の高粘度液対応の新型攪拌機について、以下の点を、至急ご教授を賜れれば幸甚です。

④ 1．下記の至急回答 〜 興味を持っております。

바로 앞 문장을 수정하며 「以下」라는 표현을 추가했으므로 다음과 같이 항목별로 나누어 쓰는 것이 좋습니다.

> 1．適用粘度範囲
> 2．適用温度範囲
> 3．攪拌の機構
> 4．どの程度まで大型機の作成が可能か
> 5．他社品と比較して有利な点は何か

⑤ 2．カタログと技術資料の送付 〜 技術資料を送付していただけませんか。

상품 목록을 받고 싶다는 의뢰이므로 「以下」의 질문사항과는 다른 내용입니다. 따라서 여기는 다음 문장으로 충분합니다.

> 合わせて、新型攪拌機のカタログと技術資料をご送付いただければ幸甚です。

⑥ いきなりのことと、申し訳ございませんが、お願いできるでしょうか。

이시야마제작소는 교반기 제조회사로써 고객의 문의에 대응하는 것은 당연하므로 이 문장은 필요 없습니다.

⑦ では、よろしくお願い申し上げます。

「では」는 상당히 친한 상대가 아니면 쓰지 않는 것이 좋습니다. 또 구어체 느낌을 주므로 「よろしくお願い申し上げます」라고 하는 것이 좋습니다.

04 비즈니스 메일의 완성

20XX年 XX月 XX日

石山製作所
ご担当者様

ABC商事
金相徳

拝啓 貴社ますますご盛栄のこととお喜び申し上げます。
ABC商事の金相徳と申します。
貴社に至急ご教示を賜りたい件があるのですが、ご担当部署が分かりませんので、取り急ぎ貴社ウェブサイトのメールアドレスへご連絡させていただいた次第です。
恐れ入りますが、貴社の高粘度液対応の新型攪拌機について、以下の点を、至急ご教授を賜れれば幸甚です。
1. 適用粘度範囲
2. 適用温度範囲
3. 攪拌の機構
4. どの程度まで大型機の作成が可能か
5. 他社品と比較して有利な点は何か

合わせて、新型攪拌機のカタログと技術資料をご送付いただければ幸甚です。
よろしくお願い申し上げます。

敬具

문서 작성 예

문의 메일은 질문사항을 조목별로 제시하여 상대방에게 문의 내용을 명확하게 전달하는 것이 중요합니다.

케이스 1 제조 방법 문의

株式会社 吉田工業
吉田様

いつも大変お世話になっております。
西岡商事 製品部の上田孝三郎です。

先日お送りいただいた食品添加香料の配合濃度について、お尋ねしたいことがあり、ご連絡いたしました。
0.10%と0.14%のどちらにいたしたらよろしいでしょうか。

ご存じのとおり、外部マーケティング会社での比較試食試験では「有意差がない」との結果が出ております。
弊社では、有意差がないのであれば、コスト面からも0.10%にいたしたいと考えておりますが、いかがでしょうか。

お忙しい中、大変恐縮ですが、今週木曜日午前中までにご返信いただけると幸いです。

株式会社 西岡商事 製品部
上田孝三郎

堂島機械 株式会社 販売部
近藤太郎様

　平素より大変お世話になっております。
　株式会社 レピア商事 システム部の西山さおりです。

　さて、現在弊社では貴社新製品、自動溶接機2000Xの注文を検討いたしております。
そこで大変お手数ではございますが、以下の条件内容について、 一度ご返答いただ
けますようお願い申し上げます。

　１．支払い方法
　２．価格(売掛の場合と現金仕入価格の場合)

　時節柄、ご多用中とは存じますが、何卒宜しくお願い申し上げます。

株式会社 レピア商事 システム部
西山さおり

ニック株式会社 営業部
田中次郎様

いつもお世話になっております。
株式会社 中山商事 営業部の金村裕子でございます。

先日は新商品超音波厚み測定器の展示会で東野がお世話になりました。
早速社内で検討した結果、取引に向け具体化することとなりました。
つきましては、取引条件に関する下記項目を３月２０日(金)までにご提示いただきますようお願い申しあげます。

記

1. 数量割引の価格
2. 納期
3. 搬入運搬諸費用

弊社問合せ先は、調達部 小野寺四郎(電話 ○○○-○○○-○○○○)でございます。
宜しくお願いいたします。

以上

株式会社 中山商事 営業部
金村裕子

KSエンジニアリング株式会社
資材部　石川様

　いつもお世話になっております。
　株式会社　GG商事　経理部の生田と申します。
　いつも弊社商品管理部の真田がお世話になっており、ありがとうございます。

　さて、昨日、御社よりご請求書(No.12-029112)をご送付いただいております
が、この件につきまして一点お尋ねいたします。
　請求品目につき「機材設置作業一式」とありますが、この詳細をお知らせいただけま
せんでしょうか。

　商品価格および設置手数料、備品送料などの個別の経費が合計されているかと存じ
ます。
　経理の都合上、詳しい内訳が必要ですので、お手数をおかけし恐縮ですが、どうぞ
よろしくお願いいたします。

　今後ともよろしくお願い申し上げます。

株式会社　GG商事　経理部
生田浩二

大阪 アーバン株式会社 営業部
中田様

　この度は、○○プロジェクトでお世話になります。
　株式会社 安田商事 営業部の西山です。
　さて、来る８月２０日(木)、御社会議場にて行われる「○○プロジェクト第１回ミーティング」にお声をかけていただき、誠にありがとうございます。
　初めて御社をお訪ねするにあたり、ウェブサイトを拝見いたしました。
　御社には本社ビルのほか、別館、新館もあるとのことですが、ミーティングはどちらの建物で行われますでしょうか。
　先日のお電話では、「２階会議室にて」としか伺っておらず、おそらく私の不注意で詳しいご案内を聞きもらしたものかと思います。
　お手数をおかけいたしますが、ご教示のほどよろしくお願い申し上げます。

　当日、皆様にお目にかかれますことを楽しみにいたしております。

株式会社 安田商事 営業部
西山みなみ

MISSION 10

「公的な案内文」
공식 안내문 (1)

01 부장님의 메모

수신자 : 각 거래처의 대표
발신자 : ABC상사 대표이사 이일민, 수원지점장 김평산(金平山)

7월 1일자로 수원지점을 새롭게 개설했다는 것을 각 회사에 알리고자
한다.

"니시다 씨, 전혀 모르겠어요! 도와주세요!"

이번 문서 작성은 신입사원에게는 아주 어렵겠네요. 공식 안내문은 일반 문서에서는 잘 사용하지 않는 표현이 많아 일본인도 어려워하는 부분입니다.

20XX年 XX月 XX日

謹啓、時下ますますご盛栄のこととお喜び申し上げます。
平素は格段のお引き立てを賜り厚く御礼を申し上げます。
さて、弊社では皆様方のお陰で、7月1日をもちまして、水原支店を下記の通り開設する運びとなりました。これもひとえに皆様方のご支援のたまものと深く感謝申し上げる次第でございます。
今後は水源地区の皆様へのご要望にお応えすべく、社員一同努力いたす所存でございますので、なにとぞ一層のご愛顧を賜りますようお願い申し上げます。

敬白
ABC商事
代表取締役社長 李一民
水源支店長 金平山

記

水源支店の所在地：水原市○○○○○○
電話番号：○○○-○○○-○○○○

以上

05 니시다 씨의 One Point Lesson

1. 「謹啓」와 「敬白」

특히 의례적인 문서에서는 시작말에 「謹啓」 맺음말에 「敬白」 또는 머리말에 「恭啓」 맺음말에 「謹言」을 씁니다. 수원지점 개설을 알리는 비즈니스 메일이기 때문에 「謹啓」와 「敬白」를 사용했습니다.

2. 비즈니스 메일의 인사말

보통 편지에서 용건 전에 계절 인사를 넣는 것이 일반적인데 반해, 비즈니스 메일에서는 계절 인사 등을 생략하는 경우가 많습니다. 물론 계절 인사를 넣어도 상관은 없지만 이메일이 용건을 간결하게 쓰는 매체라는 점에서 계절 인사를 생략하는 경향이 있습니다.

그러나 일본에서는 비즈니스 메일이라 해도 자기소개를 하고 바로 용건으로 들어가면 상대방은 세련되지 못한 메일이라고 생각하게 됩니다. 따라서 자기가 누구인지를 밝힌 후에 바로 용건에 들어가지 말고 한, 두 문장 정도 인사말을 넣는 것이 상식입니다. 이런 인사말 표현은 한국인이 일본어 작문을 할 때에 가장 어려워하는 것 중의 하나입니다.

> 예 いつもお世話になっております。
> いつもご利用ありがとうございます。
> いつもお引き立ていただき誠にありがとうございます。
> いつも弊社サービスをご利用いただき、お礼を申し上げます。
> いつも格別のご協力をいただき、ありがとうございます。
> ご無沙汰しております。
> 先日はありがとうございました。
> その節は大変お世話になり、ありがとうございます。
> ご連絡ありがとうございます。
> ご連絡いただきありがとうございます。
> ご連絡が遅くなり、大変申し訳ございません。
> 毎度ありがとうございます。
> 毎度お引き立ていただき、厚く御礼申しあげます。
> 日頃のお引立て、ありがとうございます。
> 日頃よりご愛顧を賜わり、厚くお礼申し上げます。
> 平素は格別のお引き立てをいただき、ありがとうございます。
> 平素は格別のお引き立てを賜り心から感謝いたしております。
> 平素は格別のお引立てを賜りまして誠にありがとうございます。
> 平素はご愛顧を賜り、誠にありがとうございます。
> 平素はご愛顧を賜り厚くお礼申しあげます。

케이스 1 대학생 대상 입사설명회 안내

中村一郎様

学業にお忙しいことと思います。
先日は、合同企業説明会にご参加くださいまして、ありがとうございました。

この度、説明会でご面談させていただいた皆様に弊社を深くご理解いただくため、
下記の通り、会社説明会を開催いたします。

是非、ご参加くださいますよう、ご案内メールをお送りします。

記

1.　日時：20XX年 XX月 XX日(X) 13時 ～ 15時
2.　場所：当社３F大会議室
3.　電話：○○○-○○○-○○○○
4.　持参いただくもの：筆記用具
5.　交通費：一律○○○円を支給

以上

株式会社　石田商事　人事部
横山美雪

ＹＫテクノス株式会社
大下幸則様

　いつもお世話になっております。
　株式会社　ＯＫ商事の香田です。

　さっそくですが、２０ＸＸ年度経営会議についてご連絡いたします。

　先にご案内申し上げましたとおり、貴社からのプレゼンテーションが予定されております。

　3/20(木曜日)、午後1時までに、本社６階大会議室にご参集ください。

　なお、プレゼンテーション内容と発表の順序は、添付ファイルのとおりです。

　ご質問がありましたら、弊社担当の山田までご連絡いただけると幸いです。

　お願い申し上げます。

株式会社　ＯＫ商事　営業部
香田美佐枝

オーカワ株式会社
関口広重様

　いつもお世話になっております。
　株式会社　ヤブノ商事の川田です。

　次回のお打ち合わせの日時と場所をご連絡いたします。

　・日時：４月２０日（木）１４：００〜１６：００
　・場所：弊社第３会議室（５Ｆ）
　　　　　１Ｆ受付で「営業部の山田」をお呼びください。

　以上、ご確認の上、３月３１日（金）までにご一報くださいませ。

　よろしくお願い申し上げます。

　以上

株式会社　ヤブノ商事　営業部
川田幹夫

ニッコウ興産株式会社
山川雄一様

お世話になっております。
株式会社 西川商事の結城です。

かねてより日程調整をお願いしておりました秋季キャンペーン計画の打ち合わせの
日程等が決定しましたので、お知らせいたします。

■日時　7月20日(水) 午前10時 ～ 12時
■場所　弊社3階大会議室
■議題　秋季キャンペーン計画について
■ご出席予定者
　　□社　吉村様　高橋様　関口様
　　○社　木津様　近藤様　山川様
　　弊社　中川　大森　中村　吉岡　結城

なお、当日、よろしければ、終了後、お食事をご一緒させていただければと考えて
おりますが、ご都合はいかがでしょうか。

ご多忙の折、大変恐縮ではございますが、なにとぞよろしくお願いいたします。

株式会社 西川商事 営業部
結城美香

業務組織変更のご案内

拝啓　貴社ますますご盛栄のこととお喜び申し上げます。

平素は格別のご高配を賜り、心から感謝いたしております。

さて、このたび弊社では、下記のとおり組織の一部を改正し、それに伴う役員担当業務の異動を決定いたしました。

これを機に、社員一同社業の発展にいっそう努力してまいる所存でございます。

何とぞ、今後とも格別のご支援を賜りますようよろしくお願い申し上げます。

まずは、略儀ながら書中をもってごあいさつ申し上げます。

敬具

20XX年 XX月 吉日

皆川商事株式会社

代表取締役社長　皆川三郎

記

1　組織の変更
　　　新組織　　　　　　旧組織
　　　革新商品事業部　　商品開発事業本部

2　人事異動
　　　ロボット事業部長　中村敏夫(前自動車事業部長)
　　　自動車事業部長　　石川恵子(前ロボット事業部次長)

以上

MISSION 11

「公的な案内文」
공식 안내문 (2)

부장님의 메모

수신자 : 각 거래처의 대표
발신자 : ABC상사 대표이사 이일민

10월 1일에 본사 창립 50주년을 맞아 축하회를 열고자 한다. 창업 이래
많은 위기를 극복하며 국내에 10개의 지점을 설립하였고, 올해에는 추
가로 수원지점을 개설하였다. 국외로는 일본, 중국, 미국, 독일 4개국에
지점을 개설하였고 앞으로 브라질에도 지점을 개설해 남미로도 판로를
넓혀갈 계획이다. 이러한 소식과 함께 모든 것이 거래처 여러분들이 도
와주신 덕분이라는 감사 인사를 전하고 싶다.
축하회는 10월 1일 오후 6시부터 9시까지 서울무역회관 12층 무궁화
룸에서 이루어질 예정이다. 또 각 거래처의 참석 여부에 대한 답변을
받고자 한다.

"니시다 씨! 이것도 모르겠어요. 도와 주세요!"

이번 문서 작성도 신입사원에게는 어렵겠네요. 먼저 완성된 메일을 제시하니 실무에서는 이를 응용하여 단어와 문장을 바꿔가면서 문서 작성 연습을 하시기 바랍니다.

謹啓　時下ますますご盛栄のこととお喜び申し上げます。
平素は格段のお引き立てを賜り、厚く御礼申し上げます。
さて、弊社もおかげをもちまして、来る10月1日に創立50周年を迎えることになりました。
創業以来、幾多の危機に遭遇しましたが、皆様のおかげをもちまして、なんとか乗り越えることができました。
さらには、皆様のご支援のおかげで、この50年の間に韓国内に10の支店を設立でき、特に今年は新たに念願でした水原支店を開設することができました。
また、海外では日本、中国、アメリカ、ドイツに各々支店を設けることができ、今後はブラジルにも支店を設けて南米にも販路を広げる計画でございます。
これもひとえに皆様のご支援ご鞭撻の賜と深く感謝申し上げる次第でございます。
つきましては、下記のごとく心ばかりの祝賀会を催したいと存じます。
ご多忙とは存じますが、なにとぞ来臨の栄を賜りますよう衷心よりお願い申し上げます。

謹白

20XX年 XX月 吉日

ABC商事

代表取締役社長　李一民

記

1．日時　　20XX年10月1日　午後6時から9時
2．場所　　ソウル貿易会館12階ムクゲルーム

追伸　お手数ながら、同封葉書にて出欠をお知らせ下さいますよう願い上げます。

以上

니시다 씨의 One Point Lesson

공식 안내문 작성의 포인트

공식적인 안내문은 문어체로 쓰기 때문에 평상시에는 사용하지 않는 표현이 많이 나옵니다. 예시를 준비해 두고 그것을 보면서 작문을 하는 것이 좋습니다.

그리고 어려운 문장이 이어지기 때문에 행을 바꿔서 읽기 쉽게 쓰는 것이 좋습니다. 추가문을 쓸 경우에 「記」는 생략 가능합니다. 「以上」도 넣지 않거나 오른쪽 줄맞춤을 하는 등, 회사나 사람에 따라 달라서 절대적인 규칙이 있는 것은 아닙니다. 장소에 대한 자세한 안내를 위해 URL 등을 첨부하는 것도 좋은 방법입니다.

케이스 1 새로운 회사 설립 안내

新会社設立の挨拶状

謹啓 貴社ますますご盛栄のこととお喜び申し上げます。

平素はひとかたならぬご厚情にあずかり、厚くお礼申し上げます。

さて、このたび、私ども有志により新会社を設立いたし、○月○日をもって開業の運びとなりました。

今後皆様のご期待に沿いますよう、社員一同全力を挙げて社業に努める所存でございます。

何とぞ、格別のご支援、お引立てを賜りますようお願い申し上げます。

まずは、略儀ながら書中をもってごあいさつ申し上げます。

敬白

20XX年 XX月 吉日

〒 □□□□□

□□□□□□□□□□□□

株式会社 河野新技術研究所

代表取締役社長 水谷知佳

電話 ○○○-○○○-○○○○

社長就任のあいさつ状

謹啓　貴社ますますご盛栄のこととお喜び申し上げます。

平素は格別のご高配を賜り厚くお礼申し上げます。

さて、私ことこのたび日本テクノス株式会社代表取締役社長に選任され、去る○○月○○日付をもちまして就任いたしました。

ここに謹んでご報告申し上げます。

はなはだ微力ではございますが、この大任をお受けいたしましたうえは、一意専心、社業の発展に全力をつくす所存でございます。

何とぞ、前任者同様のご指導ご鞭撻を賜りますようお願い申し上げます。

まずは、略儀ながら書中をもってごあいさつ申し上げます。

敬白

20XX年 XX月 吉日

日本テクノス株式会社
代表取締役社長　玉山新一

謹啓 貴社ますますご盛栄のこととお喜び申し上げます。

平素は格別のご高配を賜り厚くお礼申し上げます。

さて、私ことこのたびミックジャパン株式会社代表取締役社長を辞任いたしました。

社長在任中は、公私ともに格別のご厚情を賜り、まことにありがとうございました。

厚くお礼申し上げます。

後任には前専務取締役 工藤進が就任いたしました。私同様よろしくご指導ご鞭撻を賜りますようお願い申し上げます。

まずは、略儀ながら書中をもってごあいさつ申し上げます。

敬白

20XX年 XX月 吉日

山田太一

謹啓 貴社ますますご清栄のこととお慶び申し上げます。

さて、私ことこのたび山田太一の後任として代表取締役社長に就任いたすことになりました。

はなはだ微力ながら、この大任をお受けいたしましたうえは、一意専心、社業の発展に努力いたす所存でございます。

何とぞ、前任者同様ご指導とご支援のほどお願い申し上げます。

まずは略儀ながら書中をもってごあいさつ申し上げます。

敬白

20XX年 XX月 吉日

ミックジャパン株式会社

代表取締役社長

工藤進

社名変更のご案内

謹啓　貴社ますますご盛栄のこととお喜び申し上げます。

平素は格別のご高配にあずかり、心から感謝いたしております。

さて、小社では創立50周年を契機とし、20XX年XX月XX日より下記のとおり、社名を「テクノジャパン株式会社」と変更することになりました。

イメージを一新して、よりいっそう皆様のご期待に沿うよう、社員一同全力を挙げて社業に努める所存でございます。

何とぞ、倍旧のご愛顧、お引立てを賜りますようよろしくお願いいたします。

まずは、とりあえず書中をもってごあいさつ申し上げます。

敬白

20XX年　吉日

テクノジャパン株式会社
代表取締役社長　香川美佳子

記

旧社名　日本化学株式会社

新社名　テクノジャパン株式会社

謹啓 時下ますますご盛栄のこととお喜び申し上げます。

平素は格別のお引き立てを賜り、ありがたく厚くお礼申し上げます。

さて、このたび弊社では、日頃のご芳情に感謝いたし、皆様方とのご交誼をよりいっそう深めるために、弊社主催の謝恩ゴルフコンペを下記の通り開催いたしたく存じます。

何かとご多用中とは存じますが、ささやかではございますが懇親会も予定しておりますので、こちらへも奮ってご参加いただけますよう、お願い申し上げます。

敬白

大阪商事

代表取締役社長　井口幸雄

記

日時　20XX年 XX月 XX日

場所　山海ゴルフクラブ(TEL ○○○-○○○-○○○○)

以上

일본인의 성(姓)은 얼마나 될까요? 자료에 의하면 일본에는 약 30만 개의 성이 있다고 합니다. 일본에서 가장 많은 성씨는 사토(佐藤)이고 상위 30위까지 정리하면 다음과 같습니다.

1	さとう 佐藤	11	よしだ 吉田	21	やまざき 山崎
2	すずき 鈴木	12	やまだ 山田	22	もり 森
3	たかはし 高橋	13	ささき 佐々木	23	あべ 阿部
4	たなか 田中	14	やまぐち 山口	24	いけだ 池田
5	わたなべ わたなべ 渡辺/渡邊	15	さいとう さいとう 斉藤/齊藤	25	はしもと 橋本
6	いとう 伊藤	16	まつもと 松本	26	やました 山下
7	やまもと 山本	17	いのうえ 井上	27	いしかわ 石川
8	なかむら 中村	18	きむら 木村	28	なかじま 中島
9	こばやし 小林	19	はやし 林	29	まえだ 前田
10	かとう 加藤	20	しみず 清水	30	ふじた 藤田

위의 표에서도 알 수 있듯이 일본인의 성은 자연을 배경으로 한 것이 대부분입니다. 주위에서 쉽게 접할 수 있는 산(山), 밭(田, 畑), 나무(木, 林, 森, 松, 藤), 물(水, 井, 池, 川, 河) 등에 관한 한자가 들어간 성이 많습니다. 예를 들어, 산 밑에 산다고 하여 山下(やました)라고 하거나, 밭 가운데 산다고 하여 田中(たなか), 또는 작은 숲 속에서 산다고 하여 小林(こばやし), 깨끗한 물이 있는 곳에서 산다고 하여 清水(しみず) 라는 성을 갖게 된 것입니다.

그렇다면 일본에는 왜 이처럼 많은 성씨가 있는 것일까요? 메이지(明治)시대 이전 일본에서 성은 신분 계급을 나타내는 것으로 일반 백성은 성을 갖지 못했습니다. 메이지 8년(1875년)에야 비로소 일반 백성들도 성을 갖게 되었는데 새로 성씨를 만들다 보니 30만 개 정도의 성이 생겨난 것입니다. 이 때문에 한국과는 달리 일본에서는 상대방을 성으로만 부르는 경우가 많습니다.

또 처음 만난 사람의 이름을 쉽게 읽지 못하는 경우도 많습니다. 여러분이 만약 「御手洗」라는 성을 가진 사람의 명함을 받았다고 했을 때 어떻게 읽어야 하는지 아시나요? 「御手洗」라고 쓰면 보통 「おてあらい (화장실)」라고 읽지만 사람의 성일 경우에는 「みたらい」라고 읽습니다. 그래서 일본에서는 명함을 주고 받을 때 상대방의 이름을 어떻게 읽는지 확인하는 경우가 많습니다.

MISSION 12

「クレームを述べる」
불만을 말하다

01 부장님의 메모

수신자 : 이시다제작소 도쿄 본사 화학기계영업부
　　　　　과장 사나다 쓰요시(真田剛)
발신자 : ABC상사 영업부 부장 김상덕

이시다제작소로부터 기계 부품 샘플을 이달 5일까지 받기로 계약을 했는데 오늘 20일이 되어도 도착하지 않았다. 현재 상황이 어떤지 문의하고 기계 부품 샘플이 신속하게 ABC상사에 도착할 수 있도록 준비를 의뢰했으면 한다.

石田製作所　東京本社
化学機械営業部課長
真田剛様

お世話になっております。

ABC商事の金相徳でございます。

① 貴社の機器部品を今月5日までに送っていただきたいとのメールをお送り致しましたが、まだ届いていませんので、ご連絡差し上げました。

② 本日は20日ですが、現在はどのようになっているのか、気になります。

お手数を掛けますが、至急、弊社の方に到着できるよう、お願い致します。

③ よろしくお願い致します。

ABC商事　営業部部長
金相徳

03 니시다 씨의 해설

문서 작성은 대체로 잘 했지만 불만을 이야기하고 항의하는 내용이 되어야 하기 때문에 상대 회사에 대한 요구사항을 좀 더 명확하게 쓸 필요가 있습니다.

① **貴社の機器部品を今月5日までに送っていただきたいとのメールをお送り致しましたが、まだ届いていませんので、ご連絡差し上げました。**

「貴社の機器部品を今月5日までに送っていただきたいとのメールをお送り致しましたが」라는 문장으로는 단순히 의뢰를 한 것인지 아니면 정식으로 계약을 한 것인지 알 수 없습니다. 부장님의 메모에 계약을 했다고 되어 있으므로 계약이 위반되었음을 상대에게 명확하게 전합시다. 하지만 노골적으로 '계약 위반(契約違反)'이라는 말을 사용하면 상당히 화가 났다는 감정이 전달되기 때문에 「貴社の機器部品を今月5日までに送っていただく契約でしたが、」라고 다소 완곡하게 표현하는 것이 좋습니다. 만일 정식으로 계약을 하지 않은 경우에는 「貴社の機器部品を今月5日までに送っていただくお願いをしておりましたが、」라고 표현하면 됩니다.

그리고「まだ届いていませんので、ご連絡差し上げました」앞에「本日（20日）現在」
라는 말을 추가해서 시간을 명확하게 표시합시다.「届いていません」이라고 해도 문제는
없지만 여기에서는 보다 정중한「届いておりません」이라는 표현을 사용하도록 합시다.
다음의「ご連絡差し上げました」는「を」를 넣어서「ご連絡を差し上げます」라고 하면
보다 자연스러운 일본어가 됩니다. 여기에「急ぎ」를 추가하여「急ぎご連絡を申し上げ
ます」로 하면 보다 절박함이 느껴집니다.

> 貴社の機器部品を今月５日までに送っていただく契約でしたが、本日(20日)
> 現在、まだ届いておりませんので、急ぎご連絡を申し上げます。

② 本日は２０日ですが、現在はどのようになっているのか、気になります。お手数
を掛けますが、至急、弊社の方に到着できるよう、お願い致します。

두 가지 이상의 내용을 열거하는 경우에는 번호를 붙여서 기재하면 알기 쉽습니다. 이때
열거하는 내용을 아래와 같이 명사 또는 동사,「～こと」나「～である」등을 사용하여 같
은 형태로 통일하는 것이 좋습니다.

> つきましては、以下２点を至急、弊社までご連絡いただきますよう、お願い
> 致します。
> １．当該機械部品の現在の状況
> ２．至急、弊社へお送りいただくための、御社のお手配の内容

③ よろしくお願い致します。

앞 문장을「お願い致します」로 끝냈기 때문에 중복됩니다. 일본어는 이어지는 문장에서
중복되는 표현을 삼가는 경향이 있으므로「よろしくお願い申し上げます」라고 표현을
조금 달리 하는 것이 좋습니다.

石田製作所　東京本社
化学機械営業部課長
真田剛様

　お世話になっております。
　ABC商事の金相徳でございます。
　貴社の機器部品を今月５日までに送っていただく契約でしたが、本日(２０日)現在、まだ届いておりませんので、急ぎご連絡を申し上げます。

　つきましては、以下２点を至急、弊社までご連絡いただきますよう、お願い致します。

　１．当該機械部品の現在の状況
　２．至急、弊社へお送りいただくための、御社のお手配の内容

　よろしくお願い申し上げます。

ABC商事　営業部部長
金相徳

니시다 씨의 One Point Lesson

1 「届いていません」과 「届いておりません」의 차이

「いません」은 「います」의 부정형입니다. 「います」와 비슷한 표현으로 「おります」가 있는데, 각각 기본형이 「いる」, 「おる」이고 정중 표현 「ます」가 붙은 형태입니다. 「いる」와 「おる」는 둘 다 무엇인가가 존재하고 있다는 것을 의미하는 단어로 한자 표기로는 「居る」가 됩니다.

「いる」는 단순히 존재를 의미하지만 「おる」는 존재하고 있음을 상대방에게 경의를 담아 겸양어로 전달할 때 사용합니다. 따라서 「います」가 단순히 정중한 표현인 것에 비해 「おります」는 듣는 사람이나 읽는 사람에 대해 자신을 낮추어 상대에게 경의를 표하는 경어 표현입니다.

또 「います」와 「おります」는 「~ています」「~ております」와 같이 동작이나 상태를 의미하는 말과 결합하여 본래의 존재의 의미를 잃어버리고 동작이나 상태가 지속·진행되고 있음을 나타내는 보조동사의 기능도 합니다. 그 경우에도 「~ております」는 듣는 사람이나 읽는 사람에게 경의를 표하는 경어 표현이 됩니다.

따라서 「届いていません」이라는 표현도 문제는 없지만 비즈니스 문서와 메일에서는 「届いております」이라고 표현하는 것이 보다 더 정중한 말투가 됩니다.

2 문말 표현

본문을 마무리하는 인사말로는 다양한 표현을 쓸 수 있습니다. 주문의 용건을 다시 한번 확인하거나 상대방에게 받은 선물이나 초대, 배려 등에 대한 감사, 실수에 대한 사죄, 앞으로의 다짐이나 포부 등을 나타낼 수 있습니다.

예 ご挨拶かたがたお願い申し上げます。
    まずは、略儀ながら書中をもってご挨拶申し上げます。
    以上、ご案内申し上げます。
    まずはご案内かたがたお礼申し上げます。
    取り急ぎ、お礼申し上げます。
    まずは、ご報告をかねてお礼申し上げます。
    今回の弊社ミスにつきましては、心よりお詫びを申し上げます。
    社員一同、鋭意努力してまいる所存でございます。
    倍旧のご指導のほど、宜しくお願い申し上げます。
    何卒、よろしくご指導を下さいますよう、お願い申し上げます。
    どうぞより一層のご愛顧を賜りますよう、お願い申し上げます。
    今後とも変わらぬお引き立てを頂きますよう、お願い申し上げます。

케이스 1 　영업 담당자에 대한 불만

レイス商事株式会社　販売部
吉田武彦様

　平素よりお世話になっております。
　株式会社　ＴＫＫ商事　購買部の光本伸一です。
　さて、大変申し上げにくいのですが、弊社を担当くださっている中山さんについて
ご相談申し上げます。
　実は、中山さんのご対応によりいささか業務に支障が出ております。
　先日、商品「AK-6443」の注文の個数変更のお願いをしたのですが、ご連絡をいただ
けませんでした。
　再度の依頼にも回答がなく、最終的に別の担当の方にご対応いただきました。
　ご多忙な時期だけに仕方がないかもしれませんが、ご回答いただけないのはいかが
なものかと存じます。
　以前も同様のことがあったのですが、誠意ある謝罪もいただけません。
　さらに、その後もこちらの要望を聞いてくださらないので、私どもとしては困惑い
たしております。
　貴社とのお取引は、今後も継続いたしたく考えておりますので、担当の方につきま
してはご配慮いただければ幸いです。
　ご対応のほど、よろしくお願いいたします。

株式会社　ＴＫＫ商事　購買部
光本伸一

森松商事株式会社
営業部部長
斉藤誠一様

平素よりお世話になっております。
株式会社 テック山本商事 販売部の西本洋子です。

さて、このたびのPC納品間違いについては、弊社としては大変遺憾に思っております。
取り急ぎメールで恐縮ですが、貴社のご対応を正式回答いただきたく連絡いたしました。

【状況】
1．貴社の納品間違いによって新入社員用のPC10台が不足
2．飯田様より4/1の納品には間に合わないとの連絡あり
　　※5月上旬に納品の可能性ありとのこと
3．今回のような納品間違いは過去にも頻発している

【弊社の希望】
1．4/1の新入社員の入社に間に合わせたい
2．最悪でも4/10研修終了時、納品がタイムリミット

【今後の課題】
1．不足分10台の納期について、正式回答をいただきたい
2．頻発する納品間違いに関し、防止策を提案いただきたい

貴社のご事情もあると存じますが、弊社でも新入社員のPCが間に合わないという最悪の事態をなんとか回避する策を切に希望しております。

誠意あるご対応、よろしくお願い致します。

株式会社 テック山本商事 販売部
西本洋子

ノーリツ商事株式会社
営業部部長　石原加奈子様

平素よりお世話になっております。
株式会社　テクノス　総務部の安田洋介です。

さて、6月12日に納入された商品MP-55112について、ご連絡させていただきます。
商品MP-55112、10個のうち1個に破損があり、納入直後に貴社のご担当の吉永
様にご連絡をいたしました。

吉永様のご説明によりますと、出荷時の検品では破損は確認されていないため、責
任は配送会社にあるとのことでした。

配送会社に確認をとってから、代替品を発送いただけるとのことで、こちらも了承
したのですが、2週間経った本日もまだ代替品が届かず、また吉永様からのご連絡
もありません。

確認に手間取られているかと拝察いたしますが、いささかお時間を要しているよう
です。

当方も業務に支障をきたしておりますので、早急に代替品をお送りいただきたく存
じます。

確実な納品日について、本日中に折り返しお電話をいただきますようお願いいたし
ます。

株式会社　テクノス　総務部
安田洋介

20XX年 XX月 XX日

株式会社 ギャラリー出版
取締役社長 池上幸次様

株式会社 大阪出版
法務部 速水浩一郎

無断転載について

拝啓 初霜の候、貴社におかれましては益々ご清栄のこととお慶び申し上げます。
この度、弊社発行の書籍『都電荒川線・下町味巡り』72ページ掲載の写真が、貴社ホームページに無断転載されていることを確認いたしました。
これは、著作者の権益保護を定めた著作権法に抵触する行為であります。
つきましては、違法掲載を即刻中止するとともに、掲載に至った経緯等詳細についてご報告いただきたく存じます。
上記の件に関して、XX月XX日までにご回答いただきますようお願い申し上げます。

敬具

20XX年 XX月 XX日
九条テクノ開発株式会社
代表取締役 九条一郎様

前略 時下ますますご清栄の段、大慶に存じます。

私は、貴社(広島市中区)の近隣の団地の自治会長を務めております佐藤と申します。

本日は貴社の体操の音量について、ぜひともご検討いただきたく、お願いの書面を
お送りする次第です。

ご承知のとおり貴社では、お盆と正月の期間を除き、毎日2回、6時と13時に体操
を行われております。

このうち早朝分だけでもせめて音量を少し小さくしていただけないでしょうか。

今後も同様の状態がずっと続くのであれば、神経質な地域住人の中には健康を害す
る方もいらっしゃるかもしれません。

企業が健全に発展していくためには、お客様だけでなく、周りの住民との関係やコ
ミュニケーションも非常に大切だと考えます。

突然のお便りで恐縮ではございますが、ぜひ、ご一考頂きますようお願い申し上げ
ます。

草々

広島市中区
佐藤一男

「謝罪をする」
사죄를 하다 (1)

01 부장님의 메모

> 수신자 : 도미타(トミタ)상사 도쿄 본사 영업부 부장
>   이시야마다(石山田)
> 발신자 : ABC상사 영업부 부장 김상덕
>
> 도미타상사로부터 한국 K-VEZ사의 캐시미어 스웨터 주문을 받았는
> 데 문의해보니 제조 중지되었다고 한다. 도미타상사는 ABC상사의 웹
> 카탈로그를 보고 발주하였는데 ABC상사의 웹 카탈로그에 수정이 되어
> 있지 않았다. 결과적으로 상대 회사에 폐를 끼치게 된 점에 대해 사과
> 한다.

トミタ商事　東京本社
営業部部長　石山田様

① いつもお世話になっております。

ABC商事の金相徳でございます。

② まず、貴社から韓国K-VEZI社のカシミアセーターの注文をしていただき、誠にありがとうございます。

③ ところが、申し訳ございませんが、K-VEZI社に確認してみた結果、製造中止になっていました。

④ 弊社のウェブカタログをご覧になって注文をなさったのに、このようになって誠に迷惑を掛けてしまいました。

⑤ 次からはこのような事が生じないように更に気をつけます。

⑥ 申し訳ございませんでした。

⑦ これからもよろしくお願い致します。

ABC商事　営業部部長
金相徳

03 니시다 씨의 해설

① いつもお世話になっております。

사죄 메일이므로 보다 공손한 「拝啓」와 「敬具」를 사용하면 사죄하는 마음을 상대 회사에 더 잘 전달할 수 있습니다. 그리고 「平素は格別のお引立てに預かり厚く御礼申しあげます」라는 인사말을 추가하면 더 정중한 표현이 됩니다.

② まず、**貴社から**韓国K-VEZI社の**カシミアセーター**の注文をしていただき、**誠に**ありがとうございます。

「まず」는 무언가를 열거할 때 사용하는 접속사이므로 여기서는 적절하지 않습니다. 대신에 「このたびは」라는 표현을 쓰는 것이 좋습니다. 「貴社から」는 쓰지 않아도 알 수 있기 때문에 생략하는 것이 좋습니다. 다음 「注文をしていただき」보다 「ご注文をいただき」

가 자연스럽습니다. 따라서 여기는 다음과 같이 바꾸는 것이 좋습니다.

> このたびは、韓国K-VEZI社のカシミアセーターのご注文をいただき、ありがとうございます。

③ ところが、申し訳ございませんが、K-VEZI社に確認してみた結果、製造中止になっていました。

「ところが」는 역접의 접속사인데 다음의 「申し訳ございませんが」라는 말에도 역설의 뉘앙스가 포함되어 있어 어색하게 들립니다. 따라서 「ところが」는 생략하는 것이 좋습니다. 또한 이 문장에는 목적어가 빠져 있습니다. 목적어를 추가해서 다음과 같이 수정하는 것이 좋습니다.

> 誠に申し訳ございませんが、K-VEZI社に確認したところ、同製品は製造中止になっておりました。

④ 弊社のウェブカタログをご覧になって注文をなさったのに、このようになって誠に迷惑を掛けてしまいました。

「迷惑」를 「ご迷惑」로, 「掛けてしまいました」를 「お掛けしました」라고 하는 것이 좋습니다. 사죄하는 마음을 보다 강하게 표현하려면 겸양 표현을 사용하여 다음과 같이 수정하는 것이 좋습니다.

> 弊社のウェブカタログから、せっかくご注文をいただきましたのに、このような結果になり、多大なご迷惑をお掛けしましたことを深くお詫び申し上げます。

⑤ 次からはこのような事が生じないように更に気をつけます。

ABC상사의 웹 카탈로그에 실수가 있었기 때문에 이 사실을 분명히 밝히고 앞으로 어떤 대책을 세울 것인지 제대로 설명하지 않으면 고객은 납득할 수 없을 것이며 다음부터는 우리 회사에서 주문하지 않을지도 모릅니다. 그런 의미에서 위의 문장만으로는 설명이 부족합니다. ABC상사에는 설명해야 할 책임이 있기 때문에 그 책임을 다해야 합니다. 여러 가지 표현 방법이 있는데 예를 들면 다음과 같은 문장이 적절합니다.

> 今回の弊社ミスの原因は、カタログ記載の各社との連絡が不十分だった点に
> ございます。
> 今後はカタログ記載の各社との連絡頻度を密にして、常に最新の商品情報をお
> 客様にお届けするように、社員一同、鋭意努力してまいる所存でございます。

⑥ 申し訳ございませんでした。

이 문장은 마치 초등학생이 사과하는 말처럼 느껴집니다. 완충 표현을 사용하여 좀 더 성
의 있게 표현해 봅시다.

> 今回の弊社ミスにつきましては、重ねがさね、心よりお詫びを申し上げます。

⑦ これからもよろしくお願い致します。

여기도 단어를 추가하여 다음과 같이 쓰는 것이 좋습니다.

> 今後とも、弊社商品に対し、変わらぬご愛顧を賜りますよう、よろしくお願
> い申し上げます。

20XX年 XX月 XX日

トミタ商事 東京本社
営業部部長 石山田様

ABC商事 営業部 部長
金相徳

拝啓 貴社ますますご盛栄のこととお喜び申し上げます。
平素は格別のお引立てに預かり厚く御礼申しあげます。

このたびは、韓国K-VEZI社のカシミアセーターのご注文をいただき、ありがとうございます。
誠に申し訳ございませんが、K-VEZI社に確認したところ、同製品は製造中止になっておりました。
弊社のウェブカタログから、せっかくご注文をいただきましたのに、このような結果になり、多大な迷惑をお掛けしましたことを深くお詫び申し上げます。

今回の弊社ミスの原因は、カタログ記載の各社との連絡が不十分だった点にございます。
今後はカタログ記載の各社との連絡頻度を密にして、常に最新の商品情報をお客様にお届けするように、社員一同、鋭意努力してまいる所存でございます。

今回の弊社ミスにつきましては、重ねがさね、心よりお詫びを申し上げます。

今後とも、弊社商品に対し、変わらぬご愛顧を賜りますよう、よろしくお願い申し上げます。

敬具

니시다 씨의 One Point Lesson

📄 사죄 메일 작성의 포인트

① 실수를 했을 때는 솔직하게 인정하고 정직하게 사실을 전달하는 것이 좋습니다.

> 例 誤って他社宛の送り状を添えてしまいました。

② 정중한 표현을 사용해 확실하게 사과하는 것이 좋습니다.

> 例 ご迷惑をお掛けし、お詫び申しあげます。
> 大変失礼いたしました。

③ 상대방에게 부탁하고 싶은 것이 있으면 전달합니다.

> 例 大変勝手なお願いではございますが、本状が届きましたら破棄ください
> ますようお願いいたします。

④ 변명은 상대의 감정을 더욱 상하게 할 우려가 있으니 하지 않는 것이 좋습니다.

> 例 年末でバタバタしていたので ×
> 確認したつもりですが ×
> 私の担当ではないので ×

⑤ 동료의 잘못도 자신의 잘못이라고 생각합시다. 책임을 회피하려는 태도는 상대에게 부
정적인 이미지를 주게 될 것입니다.

> 例 新入社員がミスをしまして ×
> 上司がチェックしなかったので ×
> 管理職である私の監督不行き届きです。 ○
> 指導者として不徳のいたすところでございます。 ○
> 社内の管理体制がうまく機能せず、お恥ずかしい限りでございます。 ○

⑥ 「すみません」은 사죄뿐만 아니라 감사의 말로도 사용할 수 있는데, 정식으로 사죄를
할 때에는 사용하지 않습니다.

⑦ 자사의 실수로 인해 문제가 발생한 경우에는 그 원인과 앞으로의 대처 방법 등에 대해
구체적으로 전달해야 합니다.

2 기본적인 사죄 문구

문구	사용 예문
失礼いたしました	お約束していましたのに急用で不在をし、たいへん失礼いたしました。
謝罪いたします	誤解を与えたようでしたら、謝罪いたします。
陳謝いたします	今回の件を厳粛に受け止め、陳謝いたします。
深く反省しております	単純ミスから生じたものとはいえ、確実な作業を心がけていれば起き得なかったことと存じ、深く反省しております。
申し訳ありませんでした	度重なる失礼、本当に申し訳ありませんでした。
大変ご迷惑をおかけいたしました	店舗改装期間中は、大変ご迷惑をおかけいたしました。
多大なご迷惑をおかけしまして	この度は、多大なご迷惑をおかけしまして、心から申し訳なく存じます。
お詫び申し上げます	皆様には大変ご迷惑おかけしました事を深くお詫び申し上げます。
幾重にもお詫び申し上げます	ご配慮を無にしましたこと、幾重にもお詫び申し上げます。
お詫びの言葉もありません	ご迷惑をおかけした皆様には、本当にお詫びの言葉もありません。
ご容赦くださいますよう、お願い申し上げます	このたびの不手際の件、なにとぞご容赦くださいますよう、伏してお願い申し上げる次第でございます。
申し開きのできないことです	このたびの件はまったく申し開きのできないことでございました。
弁解のしようもありません	遅延の連絡をしなかったことは確かで、弁解のしようもありません。
不注意で	弊社の不注意でこのようなことになり、本当に申し訳ありません。
不行き届きでした	管理者として、監督不行き届きでした。

케이스 1　청구서 송장을 잘못 보낸 것에 대한 사죄

ヒロタ工業株式会社　営業部
広瀬和夫様

　いつもお世話になっております。
　ハッスル商事の鈴木でございます。

　さっそくですが、貴社宛てに本日投函しました請求書につきご連絡いたします。
　請求書自体に間違いはありませんが、誤って他社宛の送り状を添えてしまいました。

　私の不注意によりご迷惑をお掛けし、お詫び申しあげます。

　大変勝手なお願いではございますが本状が届きましたら、破棄くださいますようお
願いいたします。
　あらためて連絡させていただきますが、まずはメールでご一報申しあげます。
　なにとぞご容赦くださいますよう、お願いいたします。

ハッスル商事　営業部
鈴木幸次

アーク電気　商品発注課
近松勝様

　平素よりご愛顧を賜り、誠にありがとうございます。
　株式会社　ＫＹＹ商事　営業部の西田太郎です。

　本日納入した商品に、一部破損品が混入していたとのご連絡をいただき、たいへん
申し訳ありませんでした。
　弊社より、代替商品を至急送付いたしました。
　ご検収のほど、よろしくお願い申し上げます。

　なお、破損品につきましては後日引き取りにお伺いいたします。
　恐縮ですが、その状態で保管いただければ幸いです。

　弊社では、検品、発送時の梱包に十分な注意をはらっていましたが、行きとどかず
深く反省しております。
　調査をし、結果が判明しだい対策を講じまして二度とこのようなことのないように
いたします。

　どうか、このたびの件ご容赦くださいますようお願い申し上げます。

　取り急ぎ、お詫びとお願いを申しあげます。

株式会社　ＫＹＹ商事　営業部
西田太郎

竹之内早苗様

日頃からお世話になっております。

株式会社 イクモ 販売部の沼田美香子と申します。

いつも当社をご利用いただき、ありがとうございます。

このたびは、ご注文いただきました「スーパーディスプレイ」と異なる商品が配送され、 大変ご迷惑をおかけいたしました。

誠に申し訳ありません。

さっそくご注文の品をお送りいたしますので、お手数ですが、竹之内様のお受け取り可能な日時(ご在宅日とその時間帯。時間帯はなるべく広くとっていただければ幸いです)を次のメールアドレスまでお知らせください。

t-yamada@yamadashoji.co.jp

当方より、折り返し確認のメールを差しあげます。

誤送品は、ご注文品をお届けの際、配達員がお引き取りいたしますので、配送時間帯に合わせてご用意いただきますようお願いいたします。

なお、クレジットカードからのお引き落とし金額は、ご注文品の代金となっておりますのでご安心ください。

また、カードの決済期間に異同はありません(来月10日のお引き落としとなります)。

不明な点につきましては、上記メールアドレスまたは次の直通ダイヤルにご連絡ください。

0120-XXXX-XXXX

お詫びのしるしに、サンクス・ポイントを500ポイント加算させていただきました。

Eショップ「クイックデリ」では豊富な品揃えで皆様の快適ライフを応援いたしますので、今後とも当サイトでショッピングをお楽しみくださいますよう、お願い申し上げます。

以上、急ぎご連絡ご依頼申し上げます。

株式会社 イクモ 販売部
沼田美香子

梅田電気株式会社　営業部
堀江康一様

　平素よりご愛顧を賜り、誠にありがとうございます。
　株式会社　井熊商事　営業部の香田昭雄です。

　さて、○○年○○月付でご注文いただいた「電気マッサージ器アルファ」ですが、お
かげさまでご好評をいただき、あいにく、現在品切れとなっており、皆様にたいへ
んご迷惑をおかけしている状態となっております。

　謹んでお詫び申し上げます。

　今後の入荷につきましては、確認をしたところ12月まで入荷する見込みがございま
せん。
　商品入荷しだい、お知らせいたしますので、改めてご注文くださいますようお願い
申し上げます。

　どうか、あしからずご了承願います。

　ご要望に添えず、まことに申し訳ございません。

　今後とも変わらぬお引き立てのほど、よろしくお願い申し上げます。

　取り急ぎお詫びとお知らせを申し上げます。

株式会社　井熊商事　営業部
香田昭雄

オカエ商事株式会社
総務部
田崎仁様

　日頃は格別のご高配を賜り厚く御礼申し上げます。
　山田商事　総務部　森田太郎でございます。
　貴社より、10月11日付けでお問い合わせをいただきました弊社尼崎研究所の見学
について、お返事申し上げます。
　実は、当工場では現在、機密の研究を進めており、社外の方のみならず、社内の人
間も関係者以外は立ち入りを厳しく制限しております。
　このため、せっかくのご依頼ですが、社外の方の見学はすべてお断りしているのが
実情です。
　弊社の研究にご関心をいただき、まことに光栄に存じますが、何卒、ご了承を賜れ
ないでしょうか。
　尚、弊社の八王子研究所(東京)、高槻研究所(大阪)ですと、ご見学いただくことが可
能です。
　八王子研究所あるいは高槻研究所のご見学では如何でしょうか。
　貴社のご意向に沿えませんが、ご検討いただければ幸甚です。
　取り急ぎ、お返事かたがたお詫び申し上げます。

株式会社　山田商事　総務部

森田太郎

MISSION 14

「謝罪をする」
사죄를 하다 (2)

01

부장님의 메모

수신자 : 도쿄스포츠짐(スポーツジム) 영업부 부장 나카소네(中曽根)
발신자 : ABC상사 영업부 부장 김상덕

ABC상사가 6월 18일자로 도쿄스포츠짐에 납품한 '만능 보디빌딩'의 결함으로 문제가 제기되었다. ABC상사에서 조사 결과 한국의 제조사에서 제작할 때 일부 부품의 재질이 달랐던 것이 원인이다. 도쿄스포츠짐에 사죄와 함께 신속하게 적정 재질로 대체품을 제작할 것을 한국 제조사에 지시한 사실을 전달한다. 대체품의 납기는 확정되는 대로 연락할 예정이다.

東京スポーツジム
営業部部長　中曽根様

いつもお世話になっております。

ABC商事の金相徳でございます。

① 貴社より６月１８日付で、弊社が納入した「万能ボディービル」に欠陥があると

ことをいただきましたので、調査してみた結果、韓国の製造メーカーで製作し

た際、一部部品の材質が違っており、これが原因であったことが判明になりまし

た。貴社に迷惑を掛けてしまい、誠に申し訳ございません。

② 韓国メーカーに至急適正材質にて代替品を作るように指示しております。

③ 代替品の納期は分明次第にご連絡申し上げます。

④ 誠に申し訳ございませんでした。

これからもよろしくお願い致します。

ABC商事
営業部部長　金相徳

03 니시다 씨의 해설

① **貴社より６月18日付で、弊社が納入した「万能ボディービル」に欠陥があるとこと をいただきましたので、〜 誠に申し訳ございません。**

우선 도쿄스포츠짐이 결함 상품에 대해 연락을 준 것에 감사를 표하고 그 다음에 결함 상품을 납품한 데에 대한 사과, 그러고 나서 조사 결과를 보고하는 순으로 적는 것이 좋습니다. 먼저 「貴社より６月18日付で、弊社が納入した「万能ボディービル」に欠陥がある ことを連絡いただきました」에서는 언제 어디로 납입한 것인지 알 수가 없습니다. 이는 쉼표의 위치가 잘못되었기 때문입니다. 이 문장은 「貴社より、６月18日付で弊社が納 入した「万能ボディイビル」に欠陥があることを連絡いただきました」라고 해야 의미가 분명해집니다. 또「貴社より、」와 술어「連絡いただきました」가 떨어져 있는 것을 「６月18日付で弊社が納入した「万能ボディービル」に欠陥があることを、貴社より連絡いただきました」와 같이 고치면 좀 더 알기 쉬운 문장이 됩니다.「連絡」는 앞에 미화어를 추가하여「ご連絡」라고 하고 사과문을 넣읍시다.

> ６月18日付で弊社が納入した「万能ボディイビル」に欠陥があることを、貴社よりご連絡いただき、誠にありがとうございます。
> このたびは、貴社に多大なご迷惑をお掛けし、深くお詫び申し上げます。

그리고 다음으로 조사 결과에 대해 보고합니다.「調査してみた結果、韓国のメーカーで製作した際、一部部品の材質が違っており、これが原因であったことが判明になりました」라고 담담하게 사실만 서술되어 있는데 이 표현만으로는 상대방에게 성의가 전달되지 않습니다. 여기는 다음과 같이 완충 표현을 넣어서 이쪽이 열심히 대응하고 있다는 것을 전달합시다.

> 弊社では貴社からのご連絡を受け、大至急、原因の調査を行いました。
> その結果、誠に初歩的なミスで申し訳ございませんが、韓国のメーカーで一部部品の材質を間違えて製作してしまい、これが貴社よりご指摘いただきました欠陥の原因であることが判明致しました。

② 韓国メーカーに至急適正材質にて代替品を作るように指示しております。

이 자체로도 좋은 문장이지만 다음과 같은 말을 덧붙이면 보다 더 좋은 글이 됩니다.

> 当該韓国メーカーには、厳重に注意をするとともに、大至急適正材質にて代替品を製作するように指示しております。

③ 代替品の納期は分明次第にご連絡申し上げます。

제조사가 곧바로 대응할 수 있는 상황인지 분명하지 않기 때문에 문장 뒤에「今しばらくのご猶予を賜りたく、」라고 완충 표현을 추가하여 다음과 같이 쓰는 것이 좋습니다.

> 代替品の納期は分明次第、貴社にご連絡いたしますが、今しばらくのご猶予を賜りたく、よろしくお願い申し上げます。

④ **誠に申し訳ございませんでした。これからもよろしくお願い致します。**

결함 상품에 대한 대응이므로 이러한 문제가 다시 발생하지 않도록 앞으로 어떤 대책을 세울지 구체적으로 전달하지 않으면 상대는 두 번 다시 ABC상사에 발주 요청을 하지 않을지도 모릅니다. 다음과 같이 향후 대응에 대한 설명과 함께 이전과 변함없는 거래를 원하고 있다는 내용을 넣는 것이 좋습니다.

> 弊社としましては、このようなミスが再度起こらないよう、従来以上にメーカーの製作工程の管理監督を強化する所存でございます。
> 今後もお客様のご要望に迅速かつ的確にお応えできるよう、社員一同、全力を尽くしてまいりますので、何卒、従前と変わらぬご愛顧を賜りますよう、よろしくお願い申し上げます。
> 取り急ぎ、お詫びと調査結果のご報告を申し上げます。

東京スポーツジム
営業部部長　中曽根様

　いつもお世話になっております。
ABC商事の金相徳でございます。

　6月18日付で弊社が納入した「万能ボディービル」に欠陥があることを、貴社よりご連絡いただき、誠にありがとうございます。
　このたびは、貴社に多大なご迷惑をお掛けし、深くお詫び申し上げます。

　弊社では貴社からのご連絡を受け、大至急、原因の調査を行いました。
　その結果、誠に初歩的なミスで申し訳ございませんが、韓国のメーカーで一部部品の材質を間違えて製作してしまい、これが貴社よりご指摘いただきました欠陥の原因であることが判明致しました。

　当該韓国メーカーには、厳重に注意をするとともに、大至急適正材質にて代替品を製作するように指示しております。
　代替品の納期は分明次第、貴社にご連絡いたしますが、今しばらくのご猶予を賜りたく、よろしくお願い申し上げます。

　弊社としましては、このようなミスが再度起こらないよう、従来以上にメーカーの製作工程の管理監督を強化する所存でございます。
　今後もお客様のご要望に迅速かつ的確にお応えできるよう、社員一同、全力を尽くしてまいりますので、何卒、従前と変わらぬご愛顧を賜りますよう、よろしくお願い申し上げます。

　取り急ぎ、お詫びと調査結果のご報告を申し上げます。

ABC商事
営業部部長　金相徳

📄 문서 작성 예

[케이스 1] 공사 소음에 대한 사죄

○○年 ○○月 ○○日

石田市三国地区自治会長雄
佐久間武雄様

株式会社テイキ
総務部
吉川麗佳

工事騒音のお詫び

謹啓　春暖の候、ますますご清祥のこととお慶び申し上げます。

この度は、当社施工の「バイオ研究所新設工事」に際し、近隣住民の皆様に大変ご迷惑をおかけしまして誠に申し訳ございません。

直ちに工事の騒音に対しての実情を調査いたしましたところ、確かに当方の不手際でございました。

騒音に対する配慮がおろそかになったことを衷心よりお詫び申し上げます。

早速、現場代理人に対して、速やかに次の措置をとるよう厳重に申し付けました。

・現場作業は9時から16時までの時間に限ること
・工事車両はアイドリングをやめ、また不必要な警笛を鳴らさないこと
・建物の周囲をシートで囲うこと

今後は作業に際し十分注意いたしますので、町内の皆様にも何卒よろしくお取り計らいくださいますよう、よろしくお願い申し上げます。

多大なるご不興をお掛けいたしましたことを重ねてお詫び申し上げます。

まずは略儀ながら書中をもちましてお詫び申し上げます。

敬白

サック株式会社　総務部
長谷川修一様

　株式会社　川田商事　営業部の池田美香でございます。
　平素は、弊社をお引き立ていただきまして、誠にありがとうございます。

　このたびは、弊社の社員が大変失礼な態度で応対してしまったとのこと、心よりお詫び申し上げます。
　また、長谷川様にはご親切にご指摘をいただき、厚く御礼を申し上げます。
　すぐに担当の田中に詳細を報告させましたが、ひとえに上司である私の監督不行き届きであり、弁解のしようもございません。

　平素から、お客様に対してはくれぐれも失礼のないようにと厳しく申し聞かせておりますが、このたびの件は全く申し開きのできないことで、深くお詫び申し上げます。
　田中には、私からも改めて厳しく注意いたしましたところ、本人も今回のようなことは二度と繰り返さないと深く反省いたしております。

　どうかお許しのほど、お願い申しあげます。
　今後はこのような不始末のないよう、社員教育を徹底して参る所存でございますので、これからも変わらぬご指導、ご鞭撻を賜りますよう重ねてお願い申し上げます。

　後日、改めてご挨拶に伺いたいと存じますが、取り急ぎ、メールにてお詫び申し上げます。

株式会社　川田商事
営業部部長　池田美香

○○年 ○○月 ○○日

株式会社あけぼの製紙
総務部
河村洋介様

株式会社大阪ペーパー
会長室
西村ゆかり

拝復　貴社ますますご清栄のこととお慶び申し上げます。

さて、○○月○○日付貴書簡拝受いたしました。

弊社の箱型ティッシュペーパーの商標「フワフワエース」が、貴社ご所有の「フワリフワリACE」の登録商標とはなはだしく類似しているため、種々ご迷惑をおかけしている旨のご抗議、まことに申しわけなく、深くお詫び申し上げます。

かかる不始末の原因を調査いたしましたところ、貴社のご出願・ご登録が比較的新しかったため、担当者が以前に調査した「商標出願・登録情報」に記載されておらず、弊社が出願する際、当該資料をもとに照合したことによるものと判明いたしました。まったく弊社の不注意であり、弁明の余地がございません。

つきましては、貴社の商標権を侵害しないよう早急に具体策を講じ、その詳細に関しましては追ってご報告申し上げますので、これまでのところ何卒ご寛容くださいますようお願い申し上げます。

まずは取り急ぎ、書中をもって陳謝申し上げます

敬具

20XX年 XX月 XX日

横川産業株式会社　経理部
織田俊夫様

　日頃お世話になっており、ありがとうございます。
　株式会社　REX商事　経理部の山田でございます。
　さて、貴社から7月30日付で発行されました「○○○」の請求書に対するお支払い
が、私どもの手違いから遅延しておりました。
　誠に申し訳なく、心よりお詫び申し上げます。
　本日、遅ればせながらお振込みをいたしました。
　お手数ですが入金をご確認いただければ幸いです。
　また、弊社が確認すべきところ、貴社からご指摘を受けたことにもお詫びを申し上
げます。
　今後は、お支払いの確認を一層厳密にいたし、二度と今回のようなことがないよう
努めてまいります。
　何卒ご容赦くださいますようお願い申し上げます、

　まずは、お詫びとご返事まで申し上げます。

　今後ともよろしくお願いいたします。

株式会社　REX商事　経理部
山田幸太郎

20XX年 12月 XX日

松本器機 株式会社
営業部部長 鮫島様

株式会社 KS工業
営業部 南郁男

納品遅延のお詫び

謹啓 師走の候、貴社におかれましては益々ご清栄のこととお慶び申し上げます。
この度、納品の遅延より重大なご迷惑をお掛けいたしましたことについて、衷情よりお詫び申し上げます。
現在、原因の特定を完了し、担当部署及び関連部署にて再発を防止するべくシステムの見直し作業を行っております。
結果につきましては、後日ご報告いたしたく存じます。
今後は、社員一同誠心誠意努力して参る所存でございます。
今回の件につきましては、何卒ご寛恕いただきたく重ねてお詫び申し上げます。
今後とも何卒ご愛顧賜りたくお願い申し上げます。

謹白

MISSION 15

「相手の要求を断る」
상대방의 요구를 거절하다

01 부장님의 메모

수신자 : 오사카백화점(大阪百貨店) 여성의류부 과장
　　　　 가네코 레이코(金子玲子)
발신자 : ABC상사 영업부 부장 김상덕

오사카백화점에서 여성복 코트 주문을 받았지만 납기가 늦어져 백화점
측이 손해 보상을 청구하였다. ABC상사에서 조사한 바로는 납기 지연
의 원인은 지난달 말에 내린 큰 눈으로 인한 통행 제한임이 분명하다.
천재지변에 의한 납기 지연이기 때문에 손해 보상에는 응할 수 없다는
내용을 전달하기 바란다.

02

새내기의 일본어 작문

大阪百貨店　婦人衣料部

仕入担当課長　金子玲子様

拝啓、貴社ますますご繁栄のこととお喜び申し上げます。

ABC商事の金相徳でございます。

① さて、貴社よりの被害補償の件ですが、お返信致します。

　貴社で注文していただいた商品の納期が遅延になった点は申し訳ございません。

② 納期が遅れた原因を調べた結果、先月末の大雪による交通遮断が原因だと分明に

　なりました。

③ これは天災による納期遅れであるため、損害補償には応じられません。

④ ご了解をいただいたら、幸いです。

⑤ 取り急ぎますが、これからもよろしくお願い致します。

　敬具

니시다 씨의 해설

① さて、貴社よりの被害補償の件ですが、お返信致します。

貴社で注文していただいた商品の納期が遅延になった点は申し訳ございません。

먼저「さて、貴社よりの被害補償の件ですが、お返信致します」라는 문장은 일본인에게는 '자, 이제부터 이쪽의 의견을 얘기하겠습니다'라는 다소 도발적인 느낌을 줍니다. 뒤에 보상에 관한 이야기가 나오기 때문에 이 문장은 쓰지 않는 것이 좋습니다. 그리고 이유 여하를 막론하고 납기가 지연되어 상대방에게 피해를 끼쳤기 때문에 먼저 사죄 문장으로 시작하는 것이 좋습니다.「貴社で注文していただいた商品の納期が遅延になった点は申し訳ございません」에서「貴社で注文していただいた商品」이라는 표현은 문법적으로 이상합니다.「貴社」에 대해「いただいた」라는 겸양 표현을 사용하면 자신의 회사보다 낮게 본다는 의미가 됩니다.「貴社」를 삭제하고「ご注文いただいた」로 하면

「(弊社に)ご注文いただいた」라는 문장 구조가 되므로 자연스러운 겸양 표현이 됩니다. 또 「納期が遅延になった点は申し訳ございません」이라는 표현은 상당히 문제가 있습니다. 「点は」라는 표현은 「納期が遅延になったことだけは詫びるが、それ以外のことについては一切詫びない」라고 해석될 수 있기 때문에 일본인에게는 상당히 도전적이고 도발적인 느낌을 주어 마치 싸움을 거는 것처럼 느껴질 수도 있습니다. 그저 있는 사실을 그대로를 쓰려는 의도였다고 해도 이 문장으로 되려 오사카백화점과의 관계가 악화될 수도 있습니다. 여기는 다음과 같이 사죄 내용만 쓰는 것이 좋습니다.

> このたびは、ご注文いただきました婦人用コートの納期が遅れ、ご迷惑をおかけしましたことを、深くお詫び申し上げます。

② 納期が遅れた原因を調べた結果、先月末の大雪による交通遮断が原因だと分明になりました。

이 문장은 사실을 있는 그대로 기술하고 있을 뿐 겸양 표현이나 완충 표현 등의 정중 표현이 전혀 들어있지 않습니다. 다음과 같이 수정하는 것이 좋습니다.

> 今回のような、お客様へご迷惑をかける事態が再発しないよう、弊社としましても、今回の納期遅れの原因を全力で調査いたしました。
> その結果、先月末に韓国で大雪が降ったのですが、この大雪により交通遮断が発生したことが納期遅れの原因と判明いたしました。

③ これは天災による納期遅れであるため、損害補償には応じられません。

여기도 사실과 자기 회사의 입장을 담담하게 쓰고 있는데 「応じられません」 부분이 일방적으로 자신의 의견을 주장하고 있어 일본인에게는 매우 불쾌하게 느껴질 수 있습니다. 오사카백화점과 싸움을 하려는 것이 아니기 때문에 다음과 같이 좀 더 부드러운 표현으로 수정하는 것이 좋습니다.

> 本件につきましては、貴社より損害賠償のご要求を頂戴しておりますが、天災が原因の納期遅延であるため、弊社では損害賠償の対象外に当たると愚考しております。

④ ご了解をいただいたら、幸いです。

이 문장도 일방적으로 납득하도록 요구하는 느낌을 줍니다. 정중 표현을 사용하여 아래 문장처럼 부드럽게 표현하는 것이 좋습니다.

> このような事情でございますので、何卒、貴社のご賢察を賜りますよう、よろしくお願い申し上げます。

⑤ 取り急ぎますが、これからもよろしくお願い致します。

「取り急ぎ」는 자주 사용되는 완충 표현으로 여기에서는 「取り急ぎ、ご連絡申し上げます」라고 하는 것이 좋겠습니다. 「取り急ぎますが、これからもよろしくお願い致します」라고는 하지 않으니 주의하기 바랍니다.
그리고 「今後とも、従前同様のご愛顧を賜りますよう、よろしくお願い致します」라는 표현으로 마무리하는 것이 좋습니다.

> 取り急ぎ、ご連絡申し上げます。
> 今後とも、従前同様のご愛顧を賜りますよう、よろしくお願い致します。

20XX年 XX月 XX日

大阪百貨店　婦人衣料部
仕入担当課長　金子玲子様

ABC商事　営業部部長
金相徳

拝啓、貴社ますますご繁栄のこととお喜び申し上げます。
ABC商事の金相徳でございます。

このたびは、ご注文いただきました婦人用コートの納期が遅れ、ご迷惑をおかけしましたことを、深くお詫び申し上げます。

今回のような、お客様へご迷惑をかける事態が再発しないよう、弊社としましても、今回の納期遅れの原因を全力で調査いたしました。
その結果、先月末に韓国で大雪が降ったのですが、この大雪により交通遮断が発生したことが納期遅れの原因と判明いたしました。

本件につきましては、貴社より損害賠償のご要求を頂戴しておりますが、天災が原因の納期遅延であるため、弊社では損害賠償の対象外に当たると愚考しております。

このような事情でございますので、何卒、貴社のご賢察を賜りますよう、よろしくお願い申し上げます。

取り急ぎ、ご連絡申し上げます。

今後とも、従前同様のご愛顧を賜りますよう、よろしくお願い致すます。

敬具

니시다 씨의 One Point Lesson

1 거절 메일 작성의 포인트

① 거절하는 이유를 명확하고 구체적으로 전달합니다.

왜 거절하는지에 대해서 상대방이 납득할 수 있도록 자기 회사의 의견을 주장하되 일방적이지 말아야 하며 정중한 표현을 사용해 상대에게 존경의 뜻을 나타내야 합니다. 만일 그이유가 불충분하거나 정중한 표현을 사용하지 않는다면 상대방의 신뢰를 잃거나 향후 거래에서 부정적인 영향을 끼치게 될 것입니다.

② 상대방을 위해서라도 거절을 할 때는 가능한 한 빨리 회답을 하는 것이 좋습니다.

회답이 늦어져서 상대에게 과도한 기대를 갖게 하는 일은 없어야 하겠죠. 거절 문서가 원인이 되어 상대와 거래를 하는데 앙금을 남길만한 일은 반드시 피해야 합니다.

③ 신규 거래 신청 등을 거절하는 경우에는 우선 이쪽을 선택해 준 것에 대한 감사의 마음을 표현하는 것이 반드시 필요합니다. 또 본의는 아니지만 도움이 되지 못하는 이쪽의 실정을 잘 전달하는 것도 중요합니다.

2 문서 작성 예

케이스 1 계약 내용 변경 요청에 대한 거절

柏原株式会社　営業部
北野益生様

　平素は格別のご用命を賜り、厚く感謝申し上げます。
　株式会社　ＹＫ商事　営業部の西本浩介でございます。
　貴社よりいただきました契約変更(４月７日付け)について、取り急ぎ、ご返答申し上げます。
　弊社幹部にて検討いたしました結果、当初の契約通りの条件でお願いいたします。
　貴社のご要請に沿えないこと、お詫び申し上げます。
　今後とも、これまで同様のご愛顧を賜りたいと存じます。
　ご容赦賜りますよう、よろしくお願い申し上げます。

以上

株式会社　ＹＫ商事　営業部
西本浩介

コッセイ商事株式会社
総務部
山田光一様

   日頃は格別のご高配を賜り厚く御礼申し上げます。
   西日本鉄鋼 総務部 熊田一郎でございます。

   10月11日付けでお申し入れのありました弊社工場の見学について、ご返事申し上げます。

   あいにくご希望の時期は繁忙をきわめており、十分なご案内ができかねる状況です。そのため、せっかくのご依頼ですが、この時期の見学はすべてお断りしております。

   弊社製品、製品システムにご関心をいただき、まことに光栄に存じますが、あしからずご了承くださるようお願い申し上げます。

   今回の件に懲りず、今後ともご高配を賜りますよう重ねてお願い申し上げます。

   取り急ぎ、ご返事かたがたお詫び申し上げます。

西日本鉄鋼 総務部
熊田一郎

20XX年 2月 XX日

株式会社 大阪機材
石川太郎様

河内工業株式会社
大川次郎

拝啓　余寒なお厳しき折、貴社におかれましてはますますご隆盛のことと拝察いたします。

平素は格別のご高配を賜り、誠にありがとうございます。

また、先日はわざわざ当社にまで足をお運びいただき、恐縮に存じます。

さて、先日ご相談のありました1月納入分のお支払期日の延期につきまして、社内で急ぎ検討いたしましたが、誠に遺憾ながら貴意に添いかねるところでございます。

当社といたしましても、この不況下、月々の資金繰りに苦慮しておりますがゆえ、貴社のご苦衷は十分にお察しいたしますが、支払期日の延期に関しましては何卒ご容赦賜りたく存じます。

当社の立場もご賢察いただき、当初のご契約に準じてお支払くださりますよう、重ねてお願いいたします。

取り急ぎ、お願いかたがたご返事まで。

敬具

20XX年 7月 XX日

東京興産株式会社 営業部
田崎仁様

　いつもご利用いただき、ありがとうございます。
　株式会社 山田商事 販売部の西田太郎でございます。
　7月1日付のメールにて、「熱帯ビール」をご注文くださいまして、誠にありがとうございました。
　しかしながら、誠に不本意ではございますが、今回のご注文はお受けすることができません。
　と申しますのは、同品は季節商品のため、現在、在庫を切らしているからです。
　すぐに弊社系列店の在庫も確認いたしましたが、あいにくどの店舗も品切れ状態でした。
　ただ、今回ご注文いただいた商品は、7月末には再入荷の予定です。
　もしよろしければ、優先的に確保いたしますが、いかがいたしましょうか。
　ご一報いただければ幸いです。

山田商事 販売部
西田太郎

20XX年 XX月 XX日

JX株式会社　情報システム部
中村裕子様

　日頃より、格別のお引き立てをありがとうございます。
　株式会社　角田システム　情報システム部の鈴木勝弘でございます。
　この度は、見積もりのご依頼、誠にありがとうございました。
　作業内容に関する資料を拝見いたしましたが、納期までの時間が非常に短く、弊社
の力ではお引受けするのが難しい状態です。
　このような次第で、大変申し訳ありませんが、見積もりのご依頼は辞退させていた
だきたくお願い申し上げます。
　せっかくのご依頼にお応えできず、誠に申し訳ございません。
　何卒事情ご賢察のうえご了承くださいますようお願い申し上げます。

　まずは、お詫びかたがた、お返事申し上げます。

株式会社　角田システム　情報システム部
鈴木勝弘

한국과 일본의 공휴일

비즈니스에서는 상대 국가의 공휴일을 아는 것도 중요합니다. 공휴일인 줄도 모르고 업무 연락이 오기만을 기다리느라 시간을 허비해서는 안 되겠죠.

2020년 기준	한국	일본
1월	1일 양력설 24일~26일 음력설(음력 1월 1일) 27일 대체공휴일	1일 설날(元旦) 둘째 주 월요일 성인의 날(成人の日)
2월		11일 건국기념일(建国記念の日) 24일 일왕탄생일(天皇誕生日/23일) 대체 휴일
3월	1일 3·1절	20일 춘분의 날(春分の日) – 매년 바뀜
4월	15일 제21대 국회의원 선거일 30일 부처님오신날	29일 쇼와의 날(昭和の日)
5월	5일 어린이날	4일 녹색의 날(みどりの日) 5일 어린이날(こどもの日) 6일 헌법기념일(憲法記念日/3일) 대체 휴일
6월	6일 현충일	
7월		셋째 주 월요일 바다의 날(海の日) 24일 운동의 날(スポーツの日) 　　　도쿄올림픽 개회식 때문에 2020년만 해당 　　　원래는 10월 둘째 주 월요일
8월	15일 광복절	10일 산의 날(山の日) 　　　2020년만 도쿄올림픽 폐막식 다음 날로 지정 　　　원래는 11일
9월	30~10월 2일 추석(음력 8월 15일)	셋째 주 월요일 경로의 날(敬老の日) 22일 추분의 날(秋分の日) – 매년 바뀜
10월	3일 개천절 9일 한글날	
11월		3일 문화의 날(文化の日) 23일 근로감사의 날(勤労感謝の日)
12월	25일 크리스마스	

한국의 공휴일 중에서 가장 중요한 것은 음력설과 추석입니다. 많은 사람이 연휴를 이용해서 귀성하거나 해외 여행을 떠납니다. 한편, 5월 1일 근로자의 날은 공휴일은 아니지만 은행이나 일부 기업은 쉬고 있습니다.

일본의 공휴일은 몇 월 몇째 주 월요일로 정해져 있는 경우가 많습니다. 황금연휴는 매년 4월 말부터 5월 초에 걸쳐 있는 긴 연휴 기간을 말합니다. 또 9월과 10월, 11월의 대형 연휴를 실버위크라고 합니다. 한편, 일본의 추석은 8월 15일로 공휴일은 아니지만 이 날을 전후로 여름 휴가를 가는 것이 일반적입니다.